方法叙説

ルネ・デカルト
小泉義之 訳

JN020002

講談社学術文庫

目次

凡例

・本書は、René Descartes, *Discours de la méthode pour bien conduire sa raison, et chercher la vérité dans les sciences. Plus la Dioptrique, les Météores et la Géométrie, qui sont des essais de cette méthode*, A Leyde: De l'Imprimerie de Ian Maire, 1637 の全訳である。翻訳にあたっては、*Œuvres de Descartes*, publiées par Charles Adam & Paul Tannery sous les auspices du Ministère de l'instruction publique, tome VI, Paris: Léopold Cerf, 1902 を底本とした。

・訳注は＊1、＊2の形で「部」ごとの通し番号とし、注本文は各部の末尾に置いた。

・訳注で言及する文献のうち、主要なものは以下の略号を用いて指示する。

Œuvres de Descartes, publiées par Charles Adam & Paul Tannery, tome VI, Paris: Léopold Cerf, 1902（底本）――この全集の第六巻には、*Renati Des Cartes Specimina philosophiae*（『ルネ・デカルトの哲学の見本』）の書名で一六四四年に刊行された、エティエンヌ・ド・クルセルによる『方法叙説』、『屈折光学』、『気象学』のラテン語訳が収録されている。それはデカルトによる点検と修正を経たものである（tome VI, p. 539を参照）。『方法叙説』ラテン語訳（*Dissertatio de methodo*）からの引用は（DML, p. 545）などと表記する。

『デカルト全書簡集』全八巻、山田弘明ほか訳、知泉書館、二〇一二―一六年――例えば、一六二九年六月一八日付のデカルトからフェリエ宛の書簡の引用は、当該書簡が収録されている第一巻の頁数を付して、「フェリエ宛、一六二九年六月一八日（書簡集I三七頁）」などと表記する。

René Descartes, *Discours de la méthode*, texte et commentaire par Étienne Gilson, Paris: J. Vrin, 1925――エティエンヌ・ジルソン（一八八四―一九七八年）による定評ある註解書。引用頁数を（Gilson, p. 198）などと表記する。

René Descartes, *Œuvres philosophiques*, textes établis, présentés et annotés par Ferdinand Alquié, tome I: *1618-1637*, Paris: Garnier, 1963――引用頁数を（Alquié, p. 578）などと表記する。

ジュヌヴィエーヴ・ロディス＝レヴィス『デカルト伝』飯塚勝久訳、未來社、一九九八年――引用頁数を（伝九〇頁）などと表記する。

・その他の文献については、巻末の「文献一覧」に基づいて、著者名と刊行年によって略記する。

自己の理性をよく導き、諸学の中で真理を探求するための方法叙説

この叙説が長すぎて一回で読み通せないようなら、これを六部に分けることができる。第一部では、諸学にかんするさまざまな考察が読まれる。第二部では、著者が探求した方法の主要な規則が読まれる。第三部では、著者がこの方法から引き出した、道徳のいくつかの規則が読まれる。第四部では、著者の形而上学の基礎である、神の実存と人間の魂の実存を証明する諸理由が読まれる。第五部では、著者が探求した自然学の諸問題の順序、とくに心臓の運動の説明と医学に属する諸難問の説明、次いでわれわれの魂と動物の魂の差異が読まれる。そして、最終部では、自然の探求においてこれまで以上に前進するために要請されると著者が信じるもの、また、著者が〔本書を〕書くことになった諸理由が読まれる。

第一部

良識は、世界で最もよく分配されているものである。実際、誰もが自分には良識がよく備わっていると考えており、他のものでは満足するのが難しい者でさえ、いま以上の良識を望む習慣は持ち合わせていない。ここで万人が間違うことなどありそうもなく、むしろそれが証しているのは、よく判断し、真と偽を区別する力能は、それこそ本来は良識や理性と呼ばれるものだが、あらゆる人間において自然本性的に平等である、ということである。こうして証されることだが、われわれの見解の多様性は、ある者が他の者より理性的であることに由来するのではなく、われわれが自らの思考を相異なる道へと導き、同じものを考察しないことにだけ由来するのである。実際、よい精神を持つだけでは十分ではなく、肝要なのは、よい精神をよく使うことだ。最も偉大な魂には、最大の徳の能力とともに最大の悪徳の能力がある。また、歩みの遅い者でも、常にまっすぐな道を辿るなら、走っていながらそこから遠ざかる者より、はるかに前進することができる。

私について言えば、自分の精神が何らかのことで常人より完全だと推測したことはなく、むしろ、誰彼と同じくらい、素早い思考、明瞭で判明な想像、豊富で鮮明な記憶を持ちたいとしばしば願ったものである。そして、私は、こうした形質以外に、精神の完全性にとって役立つ完全性を知らない。実際、理性ないし分別について言うなら、それはわれわれを人間たらしめ、われわれを動物から区別する唯一のものであるだけに、それが全面的に各人のうちにあると私は信じたいし、ここでは哲学者の普通の見解に従いたい。哲学者の語るところによれば、理性の程度の差異は、同じ「種」の「個体」の「偶有性」における差異だけであって、「形相」ないし自然本性における差異ではないのである。

しかし、恐れずに言えば、私はとても幸運だったと考えている。若い頃から私は、ある考察や格律へ到る道に出会った。そこから私は方法を形成した。その方法を通して私は、自分の認識を段々と増やす手段と、自分の短い人生のうちに私の凡庸な精神に到達可能な最高点まで自分の認識を徐々に高める手段を得ているように思われる。すでに私は、その方法から成果を収めてきたからである。自分自身について判断を下すとき、私は自信の側より不信の側に傾くようにいつも努めているけれども、また、万人の行動や企てを哲学者の目で眺めると、私にはほとんどが空虚で無用に見えるけれども、それでも私は、真理の探求においてすでに成したと思われる進歩に極めて満足せざるをえないし、純粋に人間的な人間の職務のうちで変わることなく善で重要である職務があるとするなら、それこそが私の選んだものだとあえて信じて、未来への希望を抱かざるをえないのである。

しかしながら、私が間違えていることもありうる。金や金剛石と見なしているものが、一片の銅や硝子《ガラス》にすぎないかもしれない。自分にかんすることではどれほど自己誤認しやすいか、また、友人による判断が自分に好意的であるときにはどれほど猜疑的であるべきか、私もわかっている。しかし、この叙説で、私が辿ってきた道の何たるかを示し、私の人生を一枚の絵画のように表象することができれば、私としてはとても喜ばしい。[*1] そうすれば、各人がそれについて判断できるだろうし、一般の評判からそれについての見解を学べば、私が用いてきた手段に加えて、自己を教育する新たな手段となるだろう。

このように、私の意図は、各人がその理性をよく導くために従うべき方法をここで教えることではなく、どのようにして私が自分の理性を導こうと努めてきたかを見せることだけである。教訓を与えんとする者は、相手より熟達しているという自己評価をしているはずだ。少しでも欠けるところがあれば、非難される。しかし私は、この書き物を、ある歴史として、あるいは、ある寓話としてのみ提示しており、そこでは、模倣可能な実例の中にも、従わないことに理がある実例も見出されるだろうが、この書き物は誰かにとっては有益であるとしても誰にとっても有害ではないだろうし、誰もが私の率直さを認めてくれることを私は望んでいる。

私は幼少の頃から文献[*2]によって育てられた。そして、文献を手段として、人生で有用なすべてについて明晰で確かな認識を獲得できると説得され、文献を学びたいという強い願望を持った。しかし、修了して学者の地位を得ることになっている学業の全課程を終えるや、私は全面的に見解を変えた。実際、私は多くの疑いと誤りで困惑していた。自己を教育しようと努めても、ますます自分の無知を見出すだけだった。それ以外に益はないように思われた。それでも、私はヨーロッパで最も名高い学校の一つにいたのである。[*3] 地上のどこかに学識ある人間がいるとすれば、その学校にいるに違いない、と私は考えていた。私はそこで教えられていることはすべて学んだ。そして、われわれに教えられる諸学だけでは満足せず、奇怪で稀有とされる学問[*4]を扱う書物もすべて手当たり次第に読破した。加えて、私は、他人が私をどう判断しているかわかっていた。同級生には教師の後を継ぐことを決められた者もいたが、私が同級生より劣ると評価されているようには見受けられなかった。結局のところ、われわれの世紀は、以前のどの世紀にも劣らず華やかであり、善き精神に富んでいる、と私は思っていた。だから、私は他人について独りで判断する自由を、また、以前の私が望んでいたような学説は世界の中にはないと考える自由を行使するようになったのである。

しかしながら、私は学校で取り組まれる訓練をやはり評価してはいた。私の知る限り、教えられる諸言語は、古代の書物の理解に必要である。寓話は、親切にも精神を目覚めさせてくれる。歴史は、記念すべき行動を示して精神を高揚させる。慎み深く読むなら、歴史は判断を鍛える助けになる。良書の読書は、著者である過去の教養人との会話のようなもので、よく読まれさえするなら、その最良の思考だけを見出せる会話である。雄弁には、比類のない力と美がある。詩には、魅惑的な繊細さと優しさがある。数学には、精妙な発明があり、好奇心を満たすのにも、技術を促進して人間の労苦を減らすのにも大いに役立つ。人倫を扱う書き物には徳をもたらす多くの教訓や勧告があり、とても有益である。神学は、天国に行くことを教える。哲学は、あらゆるものについて真に見えるように話して学識のない者から称賛される手段を与える。法学や医学[*5]などは、それを修める者に栄誉と富をもたらす。そして、結局のところ、すべての学問を迷信的なものや虚偽のものも含めて調べるのは、その正しい価値を認識して欺《あざむ》かれないようにするためにはよいことである[*6]。

しかし私は、言語にも、昔の書物の読書にも、その歴史と寓話にも、すでに十分な時間を費やしたと思っていた。実際、過去の世紀の者と会話するのは、旅することとほとんど同じである。異なる民族の人倫の何がしかを知ることは、われわれの人倫についてより健全に判断するためにも、また、異なる民族を見たことがない者がするように、われわれの流儀に反するものは馬鹿げていて理に反するなどと考えないようにするためにも、よいことである。しかし、旅することに時間を使いすぎると、自国のうちで異邦人になってしまう。また、過去の世紀に実践されたものに好奇心を抱きすぎると、現世紀に実践されているものについて概して無知なままにとどまる。さらに、寓話は、不可能な出来事を可能だと想像させる。どんなに忠実な歴史でも、事象の価値を変えたり増やしたりすることはしないとしても、読まれるに値するものにするために、少なくとも低俗で栄えない状況はほとんど常に省略する。

そのため、残りの部分は実情通りに見えなくなり、そこから引き出す実例によっておのれの人倫を律する者は、小説の騎士のように逸脱し、おのれの力量を越えた意図を抱きがちになる。

私は雄弁を高く評価していた。また、詩を愛好していた。しかし、両者とも、研究の成果であるというより、精神の賜物だと私は考えていた。最強の推理を駆使し、自分の思考をよく消化して明晰で知解可能にする者は、たとえブルトン語[*8]だけを話して修辞を学んでいなかったとしても、いつでも主張するところをうまく説得することができる。また、最も快い着想を発明し、優美な文飾でそれを表現する者は、詩の技法を知らなくとも、やはり最良の詩人だろう。

私はとくに数学が気に入っていた。数学の諸理由の確実性と明証性ゆえである。しかし、まだ数学の真の用途には気づいていなかった。数学が機械技術にしか役立っていないことを考えてみて、数学の基礎はあれほど固くて強いのに、その上にもっと高いものを建てられなかったことに驚いていた。反対に、私は、人倫を扱った古代異教徒の書き物を、砂と泥の上に建てられたにすぎない壮麗で豪華な宮殿に喩えていた。古代異教徒は、徳を極めて高く持ち上げ、世界に存在するいかなるものより尊重すべきものと見せるが、徳を認識することについては十分に教えておらず、古代異教徒が美名で呼ぶものは、しばしば無感情、高慢、絶望、親殺しにすぎないのである。

私はわが神学を尊敬していた。また、他人と同じく、天国に行きたいと切望していた。しかし、その道は学識ある者にも無知な者にも同じように開かれており、その道に導く啓示真理はわれわれの知性を越えているということを極めて確かなこととして学んだので、私は自分の弱い推理に啓示真理をあえて従わせることはしなかったし、啓示真理を調べることを企てて成功するには、天からの何か尋常ならざる助けを得て、人間以上のものになる必要があると考えていた。

哲学については、次のようにだけ言っておこう。すなわち、哲学は何世紀ものあいだ、生を享けたもののうち最も優れた精神によって研究されてきたにもかかわらず、哲学にはいまだに論議されるもの、したがって疑わしいものしかないのを見て、私は他人よりうまく哲学で成功することを望めるほどの自負を持ち合わせていなかった。また、一つの題材について真なる見解は一つしかありえないのに、同一の題材について学者によって主張される多様な見解があることを考慮して、真に見えるものすべてをほとんど虚偽だと評価していた。

次に、他の諸学について言うなら、それらは原理を哲学から借りているので、これほど弱い基礎の上には堅固なものを建てることはできない、と私は判断していた。諸学が約束する栄誉や所得も、私がそれらを学ぶよう誘うほどのものではなかった。実際、神のおかげで、財産維持のために学問を職業とせざるをえない境遇にはない、と感じていた。また、私はキュニコス派流に栄誉を軽蔑する態度を表明するようなことはしないけれども、贋《にせ》の資格でしか獲得しようのない栄誉を重んじてはいなかった。最後に、悪しき学説について言うなら、すでに私はその値打ちを認識したと考えていた。そして、錬金術師の約束にも、占星術師の予言にも、魔術師の詐欺にも、知らないことを知っていると公言する者の策略や法螺《ほら》にも、もう欺かれないと考えていた。

それゆえ、教師への服従を脱することが許される年齢になるとすぐに、私は文献の研究から全面的に離れた。そして、自己自身のうちに、あるいは、世界という大きな書物の中に発見される学知だけを探求する決心をして、青年時代の残りを、旅すること、宮廷と軍隊を見ること、多様な気質と身分の人を訪ねること、さまざまな実験結果を集めること、運命の巡り合わせの中で自己を鍛えること、いたるところで現われるものについて反省し、そこから益を引き出すことに費やした。実際、自分にとって重要な事案、しかも判断を誤れば直ちに出来事によって罰せられる事案について行なわれる推理においては、何の結果も産み出さない思弁について文献の人間が書斎で行なう推理においてより多くの真理に出会うことができると私には思われたのである。文献の人間による思弁は、それを真に見せかけようとして多くの才知と技巧を用いるはずなので、おそらく常識から離れるほど強く自慢するという帰結しかない。そして私は、自分の行動においては明晰に見て、人生においては確かに歩むために、真と偽を区別することを学びたい、というこの上ない願望をいつも抱いていたのである。*9

たしかに、他人の人倫を考察するだけだったときには、私は確かなものを何も発見しなかったし、以前に哲学者の見解の多様性に気づいたのとほとんど同じように、人倫の多様性に気づきはした。したがって、私がそこから引き出した最大の益とは、法外で滑稽に見えても、他の多くの民族によって共通に受容され是認されている多くのものを見ることによって、実例や慣行だけで納得してきたものをあまり堅く信じないことを学んだことだった。そうして私は、われわれの自然の光を遮《さえぎ》り、理性に聴く能力を弱める多くの誤りから徐々に解放されたのである。しかし、このように数年間[*10]、世界という書物の中で研究し、何らかの実験成果を獲得しようと努めた後、ある日、私は、私自身のうちでも研究し、私の精神の全力をあげて、従うべき道を選ぼう、と決心した。わが国とわが書物から遠ざかったからこそ、私はそれをうまく成し遂げられたと思われるのである。

訳注

＊1　デカルトは「私の精神の歴史」を書くと述べていた。それは本書のタイトルの候補であった可能性もある。「「あなたの精神の歴史」のことをどうか思い起こして下さい。われわれ友人はみなそれを待っていますし、あなたはそれを、通俗の言葉〔フランス語〕でド・ジェルサン氏と呼ばれているクリトフォン神父の前で約束されたのです。精神の普通の領域や、最も高い領域でのあなたのさまざまな冒険談を読み、学院の巨人たちを向こうに回してのあなたの武勇伝、あなたがたどって来られた道、事物の真理においてあなたがなした進歩、などを拝見するのはさぞかし楽しいことでしょう」（バルザックからデカルト宛、

一六二八年三月三〇日（書簡集I三六頁）。

＊2　「文献」の原語は les lettres. ジルソンによれば、それはラテン語の Litterae Humaniores の省略表現であり、後者は高等教育における Humanitates ―― すなわち、文法、歴史、詩、修辞の別称である（Gilson, p. 101）。

＊3　デカルトは、イエズス会のラ・フレーシュ学院に、一六〇七年四月に入学し、一六一五年九月に卒業した（伝三七頁）。

＊4　「奇怪で稀有」な学問として、当時の辞書（Antoine Furetière, *Dictionnaire universel*, La Haye: Chez Arnout & Reinier Leers, 1690）はこう記している。「例えば、化学、鏡や望遠鏡で異常なものを見せる光学の一部、あるいはまた、未来を見ると思わせる虚しい学知、例えば、裁決的な占星術、手相占い、地相占い、さらに、カバラ、魔術」（Gilson, p. 109）。

＊5　法学と医学は、ラ・フレーシュ学院の教科にはなかった。それらをデカルトはポワティエ大学で学び、一六一六年に法学の学士号を取得している。学士論文は「遺言」を主題としていた（伝五三―五五頁）。その一部が邦訳されている（塩川二〇一〇）。

＊6　このような見解は、ラ・フレーシュ学院の数学教師だったジャン・フランソワ神父の見解でもあった。フランソワ神父は一六六〇年に「迷信的なものや虚偽のもの」に反駁する書を刊行している（Gilson, p. 120）。

＊7　「消化する」の原語は digérer だが、当時の語義「秩序立てる（mettre en ordre）」の意が強い。ラテン語版も「秩序立てて配置する」と訳している（DML, p. 543）。

＊8　ラテン語版では「ゴート族の野蛮な言語」（DML, p. 543）。

＊9　ここまで第一部で叙述されてきた懐疑は、第四部の哲学的で形而上学的な懐疑に対して、現実の経験に根ざすものであり、「生きられた（vécu）懐疑」と呼ばれることがある（Alquié, p. 576）。

＊10　デカルトはポワティエ大学卒業後、一六一八年初めにはオランダに行き、ナッサウ公マウリッツの軍隊に志願している。かつてデカルトは法服貴族の家系の生まれなので、貴族の慣行に従って志願将校になっただけだと解されていたが、実は、デカルト家が貴族の最下位である騎士の地位に就くのは、デカルト死後の一六六八年のことだった（伝二六頁）。したがって、デカルトは一個人として兵士に志願したことになる。軍歴の間にも、イサク・ベークマン（一五八八―一六三七年）に会って数学的自然学の研究を進め、初めての著作である『音楽提要』（一六一八年執筆、一六五〇年公刊）を書いてベークマンに献呈している。そして、一六一九年四月にはオランダのブレダから旅立っている。なお、当時の軍隊の規律については、フーコー二〇〇六、六〇頁を参照。

第二部

そのとき私はドイツにいた。いまだ終わらぬ戦争が機会となって、私は呼び寄せられたのである。皇帝の戴冠式から軍隊に戻ったとき、冬が始まり、ある宿営地に引き止められた。[*1]そこでは、気晴らしになる話題も見つけられなかったが、ただし幸いにも混乱を引き起こす懸念や熱情もなかったので、私は終日、独り炉部屋に閉じこもり、余裕をもって思考に没入した。[*2]その最初の思考の一つは、次のように考察してみることだった。すなわち、多くの部品で構成され、それぞれが別の職人によって制作された作品の完成度は、しばしば、一人の職人の仕事による作品の完成度ほど高くはない。たとえば、周知のように、一人の建築家が完成させた建物は、複数の建築家が別の目的で建てられた古壁を用いながら修復に努めた建物より、美しく整っている。[*3]同様に、当初は村であったが時の経過とともに大きな町になった古都は、一人の技師が思いのまま平原に図面を引く均斉のとれた場所[*4]と比較すると、通常は釣り合いが計られないので、たしかに古都の建造物を個別に見れば他の都市以上の技巧がしばしば見出されるにしても、建造物がここに大きいの、あそこに小さいのと立ち並び、そのせいで道路が曲折して不均等になっているのを見れば、そのように配置したのは理性を用いる人間の意志というより、むしろ偶然だと言いたくなるほどである。そして、どの時代にも私人の建物を公の美観に役立たせるように監視する務めの役人がいたことを考えるなら、他人の作品に手を加えるだけで物事を完成させるのは容易《たやす》くないことが認識されるだろう。同様に、私の想像したところでは、かつて半ば野生で徐々に文明化された民族は、犯罪や紛争に悩まされて法律を作らざるをえなかったのであり、集合した当初から賢明な立法者による憲法を守った民族に比べると、うまく統治されることはないだろう。それはまさに、神だけが法令を定めた真の宗教の身分は、他の身分と比較にならないほど確実に統制されるはずであるのと同様である。また、人事[*5]について言うなら、かつてスパルタが繁栄したのは、多くの法律がとても奇妙で良俗に反してさえいたのを見ればわかることだが、法律が善かったからではなく、法律が一人によって考案され、そのすべてが同じ目的に向けられていたからである。同様に、私の思考したところでは、書物による学問、少なくともその諸理由が蓋然的でしかなく、どんな論証も持たない学問は、多くのさまざまな人間によって構成され、徐々に肥大してきたので、良識ある一人の人間が現われるものにかんして自然に行なう単純な推理ほどには、真理に接近しえない。また同様に、私の思考したところでは、われわれはみな成人[*6]である前に子どもだったし、長いあいだ欲動と教師によって統治される必要があったが、両者はしばしば相反し、おそらくそのどちらも常に最善を勧めたわけではなかったので、われわれの判断が、生誕の時点から理性を完全に使い、理性だけによって導かれた場合ほど、純粋で堅固であることはほとんど不可能なのである。

たしかに、町の家屋全部を、別の仕方で作り直して街路をもっと美しくする、という意図だけで取り壊すようなことは見受けられない。しかし、多くの者が建て直しのためにその家屋を取り潰すこと、また、家屋に倒壊のおそれがあるときや、土台が堅固でないときには、時としてそれを強いられさえすることはよく見受けられる。この例から私は確信したのだが、たしかに、一人の私人が国家を改革する意図を持って土台から全部を変え、再建するために転覆するようなことは実はありそうもないし[*7]、また、一人の個人が学問全体や学校教育用に確立された秩序を改革する意図を持つようなことでさえ、実はありそうもない。しかし、私がそのときまで信念のうちに受け入れてきた見解について言えば、もっと善い別の見解を取り入れるには、あるいは、同じ見解であっても理性の水準に合わせて取り入れるには、そのすべてを一度きっぱりと信念から取り除くことを企てるのが私の行ないうる最善のことなのである。そして、この手段によって古い土台の上に建てるだけの場合や、真であるかどうかを一度も調べずに若い時分に納得させられた原理にもたれかかるだけの場合より、はるかにうまく生を導くことに成功する、と私は堅く信じたのである。実際、そこにはさまざまな困難があることに気づいたが、その対策がないわけではなかったし、公共体にかんする小改革にも見られる困難に比べれば何ほどのものでもなかった。大きな公共体は、打ち倒されるとそれを再建するのは極めて難しく、揺り動かされるとそれを保持することさえ難しいのであり、その瓦解は激しいものにならざるをえない。さらに、公共体の不完全性について言うなら、公共体が多種多様であることからして多くの公共体に不完全性があることは確かだとしても、公共体の不完全性は明らかに慣行によって大いに緩和されている。しかも、慣行は、いくら慎重に準備しても備えることのできない多くの不完全性を、知らず知らずのうちに避けたり正したりしてきた。そして、結局のところ、公共体の不完全性は、その変化に比べると、たいていは堪えられるものだ。それはまさに、山間部で曲がりくねる街道は人通りが多いおかげで徐々に一本化されて便利になり、その街道を行くほうが近道をしようと直進して岩の上へ登ったり崖の底に降りたりするより、はるかに善いのと同じことである。

それゆえ私は、騒々しく落ち着かない気質の者が、家柄からしても資産からしても公事の管理に任命されないのに、いつも観念的に何か新しい改革を作成せずにはいないことを決して容認できない。そして、そのような狂気がこの書き物に少しでもあると疑われるなら、私はその公刊に同意したことを極めて遺憾に思っただろう。私の意図は私自身の思考の改革に努めること、私に属する土地の上に建設することであり、それより先に広がったことは一度もない。自分の作品が気に入ってその見本をあなた方に示すとしても、それを模倣することを人に勧めているのではない。神から恵みを受けた者は、おそらくもっと高尚な意図を抱くだろう。しかし、私の意図はそれだけでも多くの者にとっては大胆すぎるかもしれない。かつて自分の信念の内に受け入れた見解すべてを捨て去る決心ひとつとっても、誰もが従うべき範例ではない。そして世界は、それに適さない二種類の精神のみによって、ほぼ構成されている。すなわち、一つは、自分を実態以上に有能と思い、どうしても性急に判断し、自分の思考を順序立てて導くだけの忍耐を持たない精神である。そのため、受け入れてきた原理を疑う自由と普通の道から逸《そ》れる自由をひとたび得ると、まっすぐ進むために採るべき小道を辿ることができず、一生さまよい続けることになる。もう一つの精神は、自分は真偽を区別する能力で劣っており、他人から教えられる余地があると判断するだけの理性や謙虚さを持っているため、自分自身でもっと善い見解を探すより他人の見解に従うことで満足するはずの精神である。

　そして、私について言えば、もし私に教師が一人しかいなかったら、あるいは、私がどんな学者にも常に見解の相違があったことを知らなかったら、明らかに私は後者の精神の部類に入っていただろう。しかし私は、学院以来、哲学者の誰かによって語られていないほど奇怪で信じ難いことを想像することはできない、ということを学んだ。また、その後、旅をしながら、われわれとまったく反対の意見を持つ者は、そうだからといって野蛮で未開であるわけではなく、多くはわれわれと同等かそれ以上に理性を使用する、ということを承認した。また、幼時からフランス人やドイツ人の中で育てられた人間が中国人や食人種の中でずっと生きるとどれほど変わるのかを考察した。また、服装の流行にいたるまで、一〇年前にわれわれの気に入り、おそらく一〇年もしないうちにまた気に入るであろう同じものが、どうしていまわれわれには異様で滑稽に見えるのかを考察した。したがって、われわれを納得させているのは、確実な認識というより、慣行や実例なのである。にもかかわらず、多少なりとも見出し難い真理については、多数派であることは何ら有効な証明にはならない。全員が真理に出くわすより、一人だけが出くわすほうが、ありそうなことだからである。こうして私は、他の見解より選好されるべき見解を持つ人物を選ぶことができなかったし、自己を導くことを自ら企てざるをえないことがわかったのである。

しかし、独りで暗闇を歩む人間として、私はゆっくり進み、万事に用心し、たとえわずかしか前進せずとも、せめて転ばないように身を守ろう、と決心した。また私は、理性によって導入されることなく自分の信念の内に滑りこんでいたかもしれない見解についても、すべて捨て始めるつもりはなかった。あらかじめ十分に時間をかけて、私が企てていた作品の計画を作り、私の精神に可能な限り事物の認識に到達するための真の方法を探そうとしたのである。

若かった頃、私は、哲学の部門では論理学に、数学では幾何学者の解析と代数に少々専念した。これら三つの技法ないし学問は、私の意図に何か寄与すると思われたのである。しかし、それらを調べてみて気づいたが、論理学では、三段論法や教則の大部分は、ものごとを学ぶことより、既知のものを説明したり、あるいはルルス[*8]の技法のように未知のものについて判断抜きに語ったりすることに役立つ。そして、論理学は実は多くの真にして善なる準則を含んでいるけれども、有害で皮相な多くの準則と混じっており、それらを選り分けるのは、粗削りもされていない大理石の塊からディアナやミネルヴァを彫り出すのと同じくらい難しい。次に、古代人の解析と現代人の代数については、極めて抽象的であり、有用には見えない題材だけに専念していることに加え、解析はいつも形状の考察に束縛され、想像を酷使しなければ知性を訓練できない。また、代数では特定の規則や特定の記号に従属させられるので[*9]、それは精神を開発する学問ではなく、精神を困惑させる曖昧で混乱した技法になっている。以上のことが原因で、私は、この三者の長所を含みながらも、その短所を免れた何か別の方法を探す必要があると考えたのである。そして、法律が数多いときはしばしば悪徳に口実を与えるので、わずかな法律が厳重に守られているときのほうが国家はうまく規制されるように、論理学を構成する多数の準則の代わりに、一度たりとも守ることを怠《おこた》らないという堅く変わらぬ決心をしさえすれば、次の四つの準則[*10]で十分だと私は信じた。

第一の準則は、私が明証的に真であると認識するものだけを真として受け入れることであった。言いかえるなら、速断と偏見を注意深く避けること、また、懐疑に付す事由のないほど明晰かつ判明に私の精神に現われるものだけを、私の判断の内に含めることであった。

第二の準則は、調べている難問を、可能な限り、うまく解くのに必要なだけ、部分に分割することであった。

第三の準則は、私の思考を順序に従って導くことであった。その際には、最も単純で最も認識しやすい対象から始めて、少しずつ段階的に上昇し、最も複合的な対象に到るのであり、自然には先後のない対象のあいだにも順序を仮定するのである。

そして、最後の準則は、私が何も見落とさなかったと確信できるほど、いたるところで全面的に枚挙を行ない、全般的な見直しを行なうことであった。[*11]

幾何学者が最も困難な論証でも用いるのが常である、単純で容易な諸理由の長い連鎖を機縁として、私は次のように想像した。すなわち、人間の認識に入りうるすべてのものは同じ仕方で相互に繋がっており、そして、真でないものを真として受け入れることを差し控え、一方から他方を演繹するために必要な順序を常に守りさえするなら、どんなに遠いものでも最後には到達できるし、どんなに隠れたものでも見出せる、と私は想像した。そして、何によって始める必要があるのかを探すのに大して苦労はしなかった。それは最も単純で最も認識しやすいものによってであることを、すでに知っていたからである。また、これまで学問で真理を探求した者の中で、数学者だけが論証を、言いかえるなら、確実で明証的な諸理由を発見できたことを考慮しても、数学者が同じく単純で認識しやすいものによって検討していたことは私には疑いようがなかった。ただし、私が単純で認識しやすいものに期待した効用は、私の精神が真理を糧《かて》にして、虚偽の理由には満足しないように習慣づけることだけだった。しかし、だからといって、一般に数学と呼ばれる諸学を個々に学ぶ意図は私にはなかった。そして、数学諸学の対象は異なっているが、対象のうちで考察されるのは、対象に見出されるさまざまな関係と比例だけであることについて数学諸学が一致しているのを見て、私は、比例一般だけを調べ、比例認識が最も容易になる基体の中にだけ比例を仮定し、しかも、後で適当な別の基体に比例をよく適用できるように、比例をその基体に縛りつけないのがよかろう、と考えた。さらに、比例を認識するために、ときに各比例を個別に考察する必要があり、ときに各比例を記録だけしたり複数の比例を包括したりする必要があることに気づいて、比例を個別に考察するためには、線以上に単純なものは見出せず、線以上に感官と想像に対して判明に表象できるものはないので、線において比例を仮定するべきだと考えた。また、比例を記録したり複数の比例を包括したりするためには、可能な限り簡略化された記号で説明する必要があると考えた。このような手段によって、私は幾何学的解析と代数の最良の部分を借り受け、一方の欠陥を他方によって正そうと考えたのである。

現に、あえて言えば、私の選んだわずかな準則を正確に守ることで、私はこれら二つの学問の範囲内にある問題をすべて容易に解明した。そして、問題を調べた二、三ヵ月のうちに、最も単純で一般的なものから始めて以来、私が見出した各真理は後で別の真理を見出すのに役立つ規則になったので、かつてはとても難しいと判断していた多くの問題に到っただけでなく、最後には、私が知らなかった問題についても、いかなる手段で、どこまで解くことができるかを決定できると思われた。このことについて、あなた方が次のことを考えてくれるなら、私がそれほど自惚《うぬぼ》れているとは見えないだろう。すなわち、真理は各事物に一つしかないので、その真理を発見する者は誰でも、知りうる限りのことを知っている。例えば、算術を習う子どもが規則に従って加法を行なえば、子どもの調べる和にかんして、人間精神が発見できるものすべてを発見したことは確かである。実際、結局のところ、真の順序に従うように教え、求めるものについて全条件を正確に枚挙するように教える方法は、算術の規則に確実性を与えるすべてを含んでいるのである。

しかし、この方法で私が最も満足したのは、それによってすべてにおいて私の理性を、完全にではなくても、少なくとも私の力の内にある限り、善く使っていると確信したことである。加えて、方法を実践しながら、私の精神が対象をより明瞭かつ判明に捉えることに慣れてきたと感じたことである。また、方法を特定の題材に従属させなかったので、代数の難問以外の学問の難問にも方法が有効に適用される、と期待できたことである。だからといって、私は提示される難問すべてを最初から調べようとあえて企てたわけではない。実際、それでは方法の定める順序に反していただろう。しかし、諸学の原理はすべて哲学から借りられているはずなのに、私は哲学で何も確実なものを発見していないことに気づき、何よりもまず哲学において原理を確立するよう努める必要がある、と考えた。そして、それは世界で最も重要なことだが、そこは速断と偏見の惧《おそ》れが最も強いところなので、当時二三歳だった私は、もっと年齢を重ねるまで、そこに到達しようと企ててはならない、と考えたのである。そして、あらかじめ十分に時間をかけて、私がその時までに受け入れた悪しき見解を精神から根こそぎにし、多くの実験を重ねて後に推理の題材とし、自己を強化するために自ら定めた方法で常に自己を鍛えて、準備をしなければならないと考えたのである。*12

訳注

*1 ここにいう「戦争」は、ドイツ三〇年戦争（一六一八—四八年）で、それが終結するのは一六四八年のウェストファリア条約による。「戴冠式」は、ボヘミアとハンガリーの王であるフェルディナントが、フェルディナント二世として神聖ローマ帝国の皇帝に就いた式で、一六一九年の七月から九月にかけてフランクフルトで行なわれた。デカルトが戻った軍隊は、バイエルン公マキシミリアンの軍隊。宿営地は、ノイブルク・カトリック公国にあった（伝七五頁）。

*2 以下、「炉部屋の思索」が叙述される。この時期の思索の断片をまとめた『思索私記』は全訳されている（デカルト 二〇一八所収）。デカルトは『思索私記』で、一六一九年一一月一〇日の夜に夢を見たことを記しているが、その「デカルトの夢」の詳細な内容は、アドリアン・バイエ（一六四九—一七〇六年）によるデカルトの伝記（Adrien Baillet, *La vie de monsieur Descartes*, 2 vol., Paris: Chez Daniel Horthemels, 1691（未邦訳））に記録されている。

*3 当時の都市計画・都市建設については、フーコー 二〇〇七の編者註（三二一—三三頁）が有益である。

*4 「場所」の原語は places だが、ジルソンによれば「城塞都市」を意味する（Gilson, p. 162）。

*5 原語は choses humaines で、「神事」に対する「人事」のこと。

*6 原語は hommes. ラテン語訳は viri（DML, p. 547）。

*7 「ありそうもない」の原文は il n'y a point d'apparence. この文は、一七世紀にはときに「理に適わ

ない（il n'est pas raisonnable）」の意を有した（Gilson, p. 169）。

＊8　ライムンドゥス・ルルス（一二三二頃―一三一六年）については、ベークマン宛書簡に言及がある。「［ドルトレヒトのあるルルス主義者は］真理を語るよりもむしろ無知な人たちの称賛を得るためではないか、と私は疑っています。けれども、私がその書物を持っているなら、それを調べたいところです」（デカルトからベークマン宛、一六一九年四月二九日（書簡集Ｉ一五―一六頁））。

＊9　コス式記法の難点のこと。コス式記法については、デカルト二〇一八の山田弘明・池田真治による解説を参照（二六一―二六六頁）。

＊10　ジルソンは、四つの準則（précepte）は方法（Méthode）を総括すると解する一方で、『精神指導の規則』（一六二八年執筆（未完）、一六五一年公刊）に書かれた二一個の規則（régle）を総括すると解している（Gilson, p. 196）。

＊11　四つの準則は、順に、「明証性の規則」、「分割ないし分析の規則」、「綜合の規則」、「枚挙の規則」と呼ばれることが多い。

＊12　ジルソンは、第二部から第三部にかけての「炉部屋の思索」を総括して、こう書いている。「デカルトの軍歴は終わる。デカルトは炉部屋に兵士として入り、炉部屋から哲学者として出る」（Gilson, p. 156）。

第三部

そして最後に、住んでいる家の建て直しを始める前には、それを取り壊し、資材を準備し、建築家を手配するか、自ら建築を習得するかして、念入りに図面を引いておくだけでは十分ではない。作業の期間中にも快適に住める別の家を用意しておかなければならない。それと同じように、理性が判断において不決断であることを強いるあいだにも、行動において不決断にとどまらないために、また、そのとき以降もできるだけ幸福に生きるために、備えとして道徳を自ら定めたのである。[*1] それは三つか四つ[*2]の格律から成るが、是非あなた方に伝えておきたい。

第一の格律は、わが国の法律と習慣に服することであった。その際、神の恵みで幼時期から教えられた宗教を常に守り、その他すべてのことでは[*3]、私が共に生きなければならない者のうち最も健全な者がその実践において一致して受け入れている最も穏健で最も極論から遠い見解に従って、自らを統治するのである。実際、当時から私は、自分自身の見解をすべて調べ直そうとしていたので、自分自身の見解を無視し始め、最も健全な者の見解に従う以上のことはできない、と確信していた。しかも、おそらくペルシア人や中国人にも、われわれの場合と同じく健全な者がいるにしても、私が共に生きなければならない者に従って自らを律するのが最も有益だと思われた。そして、健全な者の見解が本当は何であるかを知るためには、かれらが語ることより、かれらが実践することに注意すべきだと思われた。われわれの人倫が腐敗しているため、信じるところすべてを語ろうとする者はほとんどいないからであるだけでなく、多くの者はおのれの信じるところを知らないからである。実際、何かを信じるときの思考の作用と、何かを信じると認識するときの思考の作用は異なるのであり、しばしば両者は両立しない。そして、等しく受け入れられている数ある見解から私が最も穏健な見解だけを選んだのは、極論は悪しきものであるのが常なので、実践のためには、穏健な見解が最適であり、たぶん最良だからである。また、両極論の一方に従うべきだったのに他方を選んだ場合に比べれば、穏健な見解を選んでおいて失敗しても、真の道からさほど逸《そ》れないようにするためである。そして私は、とくに、自分の自由をいくらか削る約束を極論の部類に入れた。ただし、法律を非難したのではない。法律は、善良な意図を抱く弱い精神が移り気を起こすのを防ぐために、あるいは、抱かれる意図が善であれ悪であれ、取引を保証するために、その意図を維持することを強制する誓約[*4]や契約を行なうことを認容しているだけである。ところで、私がその約束を極論としたのは、世界には常に同じ状態にとどまるものはないと見ていたからである。とくに私にかんしては、自分の判断を次第に完成させ、決して劣悪化させない、と自らに約束していた。そのとき私が何かを承認したが故に、後になってそれが善ではなくなったり、私がそれを善と認めるのを止めたりしたときでもなお、それでも善と見なすのを強制されるとすれば、私は良識に反して大きな過ちを犯すことになるだろう、と考えたからである。

私の第二の格律は、自らの行動において、できる限り確固として果断であることであり、どんなに疑わしい見解でも、ひとたびそうと決めた以上は、極めて確かな見解である場合に劣らず、移り気せずにそれに従うことであった。この点で私は旅人を模倣したのである。旅人は森で迷ったとき、あちこち回ってさ迷うべきでも、一箇所に留まるべきでもない。常に同じ方向にできるだけ直進すべきであり、最初は単なる偶然でその方向を選ぶのを決めたとしても、弱い理由でそれを変えるべきではない。実際、この手段によって、旅人は、望んだところには行かないとしても、少なくとも最後にはどこかに到り着くし、そこは森の中よりはたぶんましだろう。それと同じように、人生における行動はしばしば遅延を許さないので、最も真なる見解を見分けることができないときは、最も蓋然性の高い見解に従うべきである、というのは極めて確実な真理である。また、蓋然性の度合いを見分けられないとしても、どれかに決めるべきであり、決めたあとには、それが実践にかんする限り、もはや疑わしいと見なすべきではなく、そう決めた理由そのものは真で確実なのだから、その見解を極めて真で確実だと見なすべきである。このことによって、以来、私は一切の後悔と呵責から解放された。弱く不安定な精神は、移り気で何かを善いと思っては実践し、後になってそれを悪かったと判断するものだが、後悔と呵責によってその良心をかき乱されがちである。

私の第三の格律は、運命より自己に打ち勝つよう常に努めること、そして、世界の秩序より自己の欲望を変えるよう常に努めることであった。そして、一般に、全面的にわれわれの力のうちにあるものはわれわれの思考だけであり、したがって、われわれの外部のものにかんしては、最善を行なっても成功しないものはすべて、われわれにあっては絶対的に不可能だと信じることに慣れることであった。このことだけで、私が得ていないものを将来望まないようにし、そうして自己を満たすのには十分だと思われた。実際、われわれの意志は、われわれの知性が何らかの仕方で可能だと意志に対して表象するものだけを自然に望むよう仕向けられる。これは確実なことだが、もしわれわれが自己の外にある善はすべて自己の力から等しく遠くにあると見なすなら、生まれつき備わっているべきだと思える善がなかったとしても、自分の過ちで喪失したのでなければ、自分が中国やメキシコの王国を所有していないのを後悔しないのと同じように、そのことを後悔することもないだろう。これも確実なことだが、いまダイヤモンドのようにほとんど腐敗しない物質でできた身体を持ちたいとか、鳥のように飛ぶための翼を持ちたいとは望まないのと同じように、いわば必然を徳となすことによって、われわれは病んでいながら健康でありたいとか、牢獄にいながら自由でありたいとは望まないようになるだろう。しかし、私は、万事をこの角度から眺めるには、長い修練を重ねて何度も省察を繰り返すことが必要であると告白しておく。また私は、昔、運命の帝国から逃れ、苦痛と貧困にもかかわらず神々と至福を競い合うことができた哲学者の秘訣は、主にこのことにあったと信じている。実際、かの哲学者は、自然によって自己に定められた限界を絶えず考慮することに専念しながら、自己のうちにあるものは思考以外に何もないと完全に確信していたので、他のものへの執着を断つにはそれで十分だったのである。また、かの哲学者は思考を絶対的に統御したので、自然本性と運命にいかに恵まれても、かかる哲学を持たないせいで自分の望むものを統御したことのない人間より、自分は豊かで力があり自由で幸福であると評価したことにもそれなりの理があったのである。

最後に、この道徳の結論として、私は人生で人間が就くことのできる職務をあえて点検して、最善の職務を選ぼうと努めた。そして、他人の職務について何ごとかを言うつもりはないが、私としてはいまの職務を続けるのが最善だと考えた。その職務とは、全人生を理性の開発に費やし、自己に定めた方法に従って真理の認識においてできるだけ前進することだった。この方法を用い始めて以来、私は極端な満足を体験したので、人生でこれ以上に快く無実の満足を受け取ることはできないと信じたほどだった。そして、その方法を手段として、私にはとても重要と思われるが他の人間からは一致して無視されるような真理を日々見出したので、その満足で私の精神は満たされ、他のものには心を動かされなくなったほどだった。加えて、先の三つの格律も、自己を教育し続けようとする私の意図に基づいたものだった。実際、神は各人に真なるものと偽なるものを見分ける光を与えたので、その時が来て他人の見解を調べるために私自身の判断を用いることを企てていなかったとしても、私は一瞬たりとも他人の見解に満足すべきとは思わなかっただろう。また、より善い見解がある場合にそれを発見する機会を逃すまいと期していなかったとしても、私は他人の見解に従いながらも躊躇《ためら》わざるをえなかっただろう。そして最後に、一つの道に付き従って、私に可能な限りすべての認識を確かに獲得できると考えながら、同じ手段によって、私のうちにあるすべての真なる善を確かに獲得できると考えたのでなければ、私は自己の欲望を制限することも満足することも知らなかっただろう。実際、われわれの意志は、われわれの知性が意志に対して善または悪を表象するのに応じて、それを追ったり避けたりするようになるのだから、善く行なうためには善く判断すれば十分であり、自己の最善を行なうためには、言いかえるなら、徳のすべてと獲得可能な他の善とを獲得するためには、最善を尽くして判断すれば十分なのである。そして、そのことを確信するときには、間違いなく満足するだろう。

このようにこれらの格律を確かめ、私の信念においては常に第一の真理だった信仰の真理と、これらの格律を別にすれば、私の残りの見解については、すべて捨て去ることを自由に企ててよいと判断した。そして、それをうまく達成するには、このような思想を得た炉部屋に長く閉じこもるより、人間たちと話すほうがよいと期待して、私が再び旅に出たのは冬がまだ終わらない頃だった。そして、それに続く九年間、私は世界の中をあちこちさ迷うばかりで、世界で演じられるどんな芝居においても役者であるよりは観客であろうと努めた。[*5] また、各題材について、それを怪しげなものにして誤認の機会を与えるものは何であるかを反省しながら、かつて自分の精神に滑りこんできたあらゆる誤謬を根こそぎにした。だからといって私は、疑うためにだけ疑い、いつも不決断を装う懐疑論者を模倣したのではない。実際、その反対に、私の意図は、自己を確かなものにすること、かつ、流土と砂を除けて岩か粘土を発見することにあった。これは私のためになったと思う。私が調べる命題についてその虚偽性ないし不確実性を、弱い推測によってではなく、明晰で確かな推理によって見出そうと努めたので、いかに疑わしい命題に出会っても、たとえその命題は確実なものは何も含んでいないという結論になったとしても、何か十分に確実な結論を引き出したからである。そして、古い住居を壊すときには、通常は廃材を取っておいて新しい住居を建てるのに役立てるように、基礎が悪いと判断された見解をすべて破壊するときには、さまざまな観察を行ない、多くの経験を得て、それ以後はもっと確実な見解を確立するのに役立てた。さらに、私は自らに定めた方法のうちで練習を積んだ。実際、私は全般的に方法の諸規則に従って全思考を導こうと配慮したが、それに加えて、ときに数時間をかけて数学の難問で方法を実践し、しかも、あまり堅固ではないことがわかった他の学問の諸原理から切り離して、ほぼ数学の難問に帰すことができた難問でも方法を実践したのである。この巻で[*6]、あなた方は、多くの実例の証明を見ることになるだろう。こうして、外見的には、甘美で無実の人生を送る以外に役柄がないのでその快楽を悪徳から分離しようと専心する者や、余暇を退屈せずに楽しむために品位を欠かない気晴らしなら何でも行なう者と変わらない仕方で生きながら、私はやはり自分の意図を追求し続け、真理の認識において、書物を読んだり学識者を訪ねたりするだけだった場合より、おそらく成長したのである。

しかしながら、学者間で論議されるのが常である難問にかんしては何も態度を決めず、通俗哲学より確実な哲学の基礎の探求を始めないうちに、この九年間は流れ去った。そして、多くの有能な精神が、かつてその意図を抱きながらも成功したとは思われない前例からして、多大な困難があると想像されたので、私がその意図を果たしたと噂を流す人がいるのを知らなかったら、おそらくこんなに早くそれを企てることはしなかっただろう。その人の見解が何に基づくのか私には言いようがないが、私の言説が何かそこに寄与したとするなら、少し学のある人が普通そうする以上に率直に、私が知らないことを告白したからに違いない。また、おそらく、私が何らかの学説を誇示するより、他人が確実と見なす多くのことについて疑う理由を示したからに違いない。しかし、私には実態と違うようには取られたくないという真情があるので、与えられた評判に値するよう、あらゆる手段を尽くして努めなければならないと考えた。そして、八年前、こうした願望によって、私は知人がいそうな場所から離れて、ここ[*7]に隠れ住む決心をしたのである。この国では、長く続いた戦争[*8]によって秩序が確立しており、常備の軍隊は、平和の果実をいっそう安全に享受することだけに役立っているように見えるほどである。そして、この国では、とても活動的で他人のことより自分自身のことを大事にする多数の群れなす民衆の中で、人通りの多い都市における便宜を一つも欠くことなく、私は遠い砂漠にいるのと同じくらい隠れて孤独に生きることができたのである。*9

訳注

*1　原文は je me formai une morale par provision であり、par provision を副詞句と解して「備えとして」と訳す。ラテン語版は Ethicam quandam ad tempus mihi effinxi (DML, p. 552) で、「事情に応じて (ad tempus)」と副詞的に訳している。ジルソンは、ここでの道徳を provisoire（暫定的な、一時的な）と形容し、それを définitive（決定的）な道徳と区別して、両者を『哲学原理』（一六四四年）「序文」における「不完全な道徳」と「完全な道徳」に対応させている (Gilson, pp. 230-234)。

*2　アルキエによれば、「三つか四つ」と曖昧なのは、最後の格律がデカルト個人にだけ適用されるものだからである (Alquié, p. 597)。

*3　第一の格律はデカルトの順応主義を示すものと解されるが、アルキエによれば、「その他」とは法律・習慣・宗教だけでは決められないことのすべてであり、その範囲は広大である。また、服すると決めるのも、「健全」や「穏健」について判定するのも、デカルト自身である。したがって、デカルトは単なる順応主義者ではない (Alquié, p. 593)。

*4　「誓約」の原語は vœux であり、宗教的な「誓願」も意味する。これを商業上の契約と同列に扱うことは論難を呼び起こした。デカルトは次のように応じている。「もし人間が仮に不変で弱さもないのならば、誓願は何に対して善かれということになるのか、私に教えてほしいくらいなのですから。みずからを

告白し、修道士の誓いを立てることは徳であります。しかしこの徳は、人間が罪深くないのなら、あり得ないことになりましょう」（デカルトからメルセンヌ宛、一六四〇年八月三〇日（書簡集Ⅳ一四七―一四八頁））。「誓願に関する聖トマスの文章の件で面倒が生じたことなどこれまで一度もありませんでしたが、とはいえ、あなたに感謝しています。というのも、事柄そのものはあまりに明瞭であり、〔…〕そのような事柄を反対理由にする連中は、自分たちが知識もなしに悪意をもっていることを示しているだけだからです」（デカルトからメルセンヌ宛、一六四〇年一一月一八日（書簡集Ⅳ二一七頁））。

＊5　一六一九年の『思索私記』には、「役者たちは出番になると、恥じらいが顔に現れないよう配慮して仮面をつける。それと同じように、私も今までは自分がそこでは観客であった世界という舞台に登るときには、仮面をつけて進み出よう」（デカルト 二〇一八、七九頁）とある。一六一九年から二八年の「九年間」のデカルトの移動については断片的な記録しか残されていないが、当時の二次資料によると、プラハで白山の戦闘を見たり、薔薇十字会と接触を図ったり、イタリア旅行したりして、ヨーロッパを渡り歩いたようである。

＊6　原語は en ce volume.『方法叙説』と『屈折光学』、『気象学』、『幾何学』の三試論を合わせた書物を指す。

＊7　オランダのことである。

＊8　「長く続いた戦争」とは、対スペイン戦争で、一五六八年に始まり、一六〇九年から二一年の停戦を挟んで、一六四八年のミュンスター条約でネーデルランド連邦共和国の独立が承認されるまで続いた。デカルトはこの戦争の大義に賛同して兵士に志願した、と後年語っている。「フランス人がこの国〔オランダ〕からスペインの異端審問所を追い出すのを助けるために多くの血を流した後に、かつて同じ理由で武器を取った一人のフランス人〔デカルト〕がオランダの牧師達の異端審問所に今では従っているのを彼ら〔ライデン大学評議員〕は是認しないだろうと確信している」（デカルトからセルヴィアン宛、一六四七年

五月一二日（書簡集Ⅶ二九五頁））。デカルト 二〇一七b、二一〇頁も参照。

＊9　オランダでの「孤独」については、文人のバルザックにこう書いている。「もし私があなたの隠遁の地として、多くの教養ある人が隠れ住んでいるカプチン会とシャルトルーズ会のあらゆる修道院は言うに及ばず、フランスとイタリアのあらゆる最も美しい居住地、またあなたが先年おられたかの有名な隠れ家さえをもさし措いて、アムステルダムをお選びになることをおすすめするとしても、あなたは私の熱意をお許し下さらなければなりません。〔…〕私が今いるこの大都会では、商売を営まない者は私を除いて一人もおらず、各人はもっぱら自分の利益に注意を向けているので、私は一生の間、決してだれにも見られることなくここで過ごすことができるほどです」（デカルトからバルザック宛、一六三一年五月五日（書簡集Ⅰ一八六―一八七頁））。

第四部

私が当地で行なった最初の省察[*1]をあなた方に話すべきか、私にはわからない。実際、その最初の省察は、極めて形而上学的で極めて異例なものなので、おそらく誰の趣味にも適うというわけにはいかないだろう。しかしながら、私が採った諸基礎が十分堅固であるかどうかを判断してもらえるためには、最初の省察について語ることをいわば強いられていると思われる。ずっと以前から気づいていたことだが、人倫においては、かなり不確実であることが知られている見解であっても、不可疑である見解の場合と同様に、しばしばそれに従う必要がある。これは先に述べた通りだ。しかし、当時、私は真理の探求だけに従事しようとしていたので、正反対のことを行なわなければならないと考え、そこに少しでも懐疑を想像しうるものはすべて絶対的に虚偽だとして捨てなければならないと考えたのである。それは、その後で、私の信念のうちに、まったく不可疑である何ものかが残らないかどうかを見るためだった。そうして、われわれの感官はときにわれわれを欺《あざむ》くのだから、感官がわれわれに想像させるようなものはどれも存在しないと仮定しようとした。そして、幾何学の最も単純な題材にかんしてさえ、推論しながら誤認して誤謬推理を行なう人間がいるのだから、他の人と同じく私も誤りがちだと判断し、以前に私が論証として捉えていた諸理由のすべてを虚偽として投げ捨てた。そして最後に、われわれが目覚めているときに持っているのと同じ思考は、われわれが眠っているときにもわれわれに到来しうるし、そのとき真である思考はまったくないということを考察して、それまで精神に入ってきたものはすべて、私の夢の幻影と同じく真ではないと仮想する決心をした。しかし、その後すぐに、このようにすべては虚偽だと私が思考しようとするあいだも、そう思考する私が何ものかであることは必然的であることに気をつけた。そして、この真理〈私は思考する、故に、私は存在する〉は極めて堅固で極めて確かであって、懐疑論者によるどんな途方もない仮定も揺るがすことができないほどであることに着目して、私はその真理を、探していた哲学の第一原理として躊躇なく受け取ることができると判断したのである。

次いで、私とは何であるかを注意して調べ、そして、私はいかなる身体も持たないと私が仮想できること、かつ、私が存在する世界も場所もないと私が仮想できることを見て、しかし、だからといって、私が存在しないとは私には仮想できないことを見て調べ、その反対に、私が他のものの真理について懐疑することを思考するというまさにそのことから、私が存在するということが極めて明証的かつ極めて確実に帰結することを見て調べたのである。それに対して、もし私が思考するのを止めるならそれだけで、これまで私が想像してきた残りのすべてが真であったとしても、私が存在したと信じる理由を私はまったく持たない。そして、これらのことから、私は実体であり、その本質ないし本性は思考することだけであって、それが存在するためにはいかなる場所も必要とせず、いかなる物質的なものにも依存しないことを認識した。したがって、この私、言いかえるなら、私を私たらしめている魂[*2]は物体からまったく区別され、その魂は物体より容易に認識され、物体が存在しないとしても、その魂は依然として存在するがままなのである。

その後、私は、命題が真で確実であるためには何が要請されるかを一般的に考察した。実際、私は、真で確実であると知られる一つの命題を発見したところなのだから、その確実性が何に存しているかも知っているはずだと考えたのである。そして、この〈私は思考する、故に、私は存在する〉において私が真理を語っているのを確かなものにするのは、思考するためには存在する必要があるということを私が明晰に見ること以外には何もないことに着目して、われわれが極めて明晰かつ極めて判明に捉えるものはすべて真であるということを、一般的規則として認めることができると判断したのである。ただし、われわれが判明に捉えるものは何であるかに気づくには、多少の困難がある。

それに続けて、私が疑うことについて反省し、したがってまた、疑うことより認識することが大きな完全性であることを私は明晰に見るのだから、私の存在はまったく完全ではないと反省して、私より完全であるものを思考することを、どこから私は学んだのかを探ろうと思いついた。そして、現により完全である何らかの自然本性から学んだのでなければならないと明証的に認識した。天空・地球・光・熱など私の外の多くのものについて私が持つ思考にかんしては、どこからそれが到来するのかを知るのにさほど苦労はなかった。というのも、そのような思考にはそれを私より優越的にすると思われるものは何も気づかれないので、その思考が真であるのは、私の自然本性が何らかの完全性を持つ限りで、その思考が私の自然本性に従属しているからであるし、また、その思考が真でないのは、私がそれを虚無から手に入れる限りで、言いかえるなら、私に欠陥があるためにそのような思考が私のうちにある限りで、その思考が私の自然本性に従属しているからである、と思うことができたからである。しかし、私より完全な存在者の観念については、それと同じではありえなかった。その観念を虚無から手に入れることは、明白に不可能だからである。そして、より完全なものが、より完全ではないものからの帰結であり後者に従属するということは、虚無から何ものかが生じるのと同じくらい条理に反するので、私がその観念を私自身から手に入れることはできなかったのである。そうして残ったのは、私より完全な存在者の観念は、真に私より完全な自然本性によって私のうちに置かれたということだった。しかも、その自然本性は、私が観念を持つことができる完全性のすべてを自己のうちに持つ、一言で言いかえるなら、その自然本性は神なのである。これに私が付け加えたことだが、私は自分が持たない完全性を認識しているのだから、私は、実存する唯一の存在者ではなく（ここでは自由に学校用語[*3]を使わせていただく)、必然的に、私が従属し、私が持つものすべてをそこから得ている何か別のより完全なものがあることになる。実際、仮に私が唯一無二であり他のすべてから独立しているとするなら、また、そのようにして私が、完全な存在者から分与されるわずかなものすべてを自己自身から得るとするなら、同じ理由によって、私が自己に欠けていると認識する残りのものすべてを私は自己から得ることができただろうし、かくして私自身が無限で永遠で不動で全知で全能であり、ついには、私が神のうちにあると気づくことのできるすべての完全性を持つことができただろう。実際、いま私が行なった推理に従うなら、私の自然本性にできる限りで神の自然本性を認識するために私が為すべきことは、私のうちに何らかの観念があるものすべてについて、それを所有することが完全性であるか否かを考察することだけであり、そうして何らかの不完全性を示すものは神のうちにはなく、それ以外のものはすべて神のうちにあると私は確信したのである。私の見るところ、懐疑・動揺・悲哀などは、私自身それを免れれば嬉しいのだから、神のうちにはありえなかった。さらに加えて、私は多くの感覚的で物体的なものの観念を持っていた。実際、私は夢みており、私が見たり想像したりするものはすべて虚偽だと仮定したが、それらの観念が真に私の思考のうちにあることは否定しなかった。すでに私は、知性的自然本性は物体的自然本性から区別されることを自己において極めて明晰に認識していたので、どんな合成でも従属性を示し、従属性は明白に欠陥であることを考慮することで、二つの自然本性で合成されることは神においては完全性ではありえず、したがって、神はそのように合成されていないと判断した。しかし、世界の中に、何らかの物体が、あるいはむしろ、完全無欠ではない何らかの知性的自然本性などがあるとすれば、その存在は神の力能に従属していなければならず、そうであるからには神なくして一瞬たりとも存続しえないと私は判断したのである。

その後、私は別の真理を探して、幾何学者の対象を取り上げた。私はその対象を連続的な物体として、あるいは、長さ・広さ・高さや奥行きにおいて無際限に延長し、さまざまな部分に分割可能な空間として捉えた。その空間の部分は、さまざまな形状と大きさを持ち、あらゆる仕方で動かされたり移されたりすることができる。実際、幾何学者はおのれの対象において、これらすべてを仮定している。私は幾何学者による最も単純な論証をいくつか通覧した。そして、万人が論証に帰している大きな確実性は、私が先に述べた規則によれば、明証的に論証が捉えられるということだけに基づいていることに気をつけながら、論証にはその対象の実存を確かなものにするものは何もないことにも気をつけたのである。実際、例えば、三角形を仮定すると、三角形の内角の和は二直角に等しいことは当然であることが私にはよくわかったが、だからといって、世界に三角形があることを確かにするものは何も私にはわからなかった。これに対して、私が完全な存在者について持つ観念を調べることに立ち帰ると、三角形の内角の和が二直角に等しいことが三角形の観念に含まれていたり、あらゆる部分が中心から等距離にあることが球面の観念に含まれていたりするのと同じ仕方で、あるいはそれ以上に明証的に、実存が完全な存在者の観念に含まれていることを私は発見した。それゆえ、その完全な存在者である神が存在すること、あるいは実存することは、幾何学のどの論証にも劣らず確実であることを私は発見したのである。

ところで、多くの者が、神を認識することには、また、自己の魂の何たるかを認識することにも困難があると納得させられているが、どうしてそうなるかといえば、かれらがおのれの精神を決して感覚的なものを越えて高めないからであり、また、物質的なものに特有の思考方式である想像することだけでものを考察することに慣れてしまっているため、想像可能でないものはすべて知解可能ではないようにかれらには見えるからである。このことは、哲学者でさえ学校では、初めに感官になかったものは知性にはないということを格律と見なしていることからも明らかだ。ところが、神の観念と魂の観念が決して感官になかったことは確実である。そして、神と魂を理解するためにおのれの想像を用いようとする者は、音を聞き臭いを感じるために眼を使おうとするのとまったく同じことを行なっているように思われる。それでもそこに差異はあって、視覚の感官は嗅覚の感官や聴覚の感官に劣らず対象の真理をわれわれにとって確かなものにするが、それに対して、われわれの想像とわれわれの感官は、われわれの知性がそこに介入しなければ、われわれに対して何も確かにはしないのである。

最後に、私が提示した諸理由によっても、神の実存と自己の魂の実存を十分に納得しない人間がいるなら、おそらくかれらがより確かだと考えていること、身体を持つとか天体や地球があるとか、それと同様のことはより不確実であるということをよくわかっていただきたい。実際、これらのことは実践的に確かだとされており、常軌を逸するのでなければ疑いえないように見えるが、形而上学的確実性が問われるときには、そうはいかない。存在しない別の天体や別の大地を見ていると眠っているときに想像するのと同じ仕方で、別の身体を持つと想像できることに気づいたことが、身体を持つことや天体や地球があることは全面的に確かではないとする十分な事由になる[*4]ということは、いくらか非理性的にならない限り否定できないのである。実際、夢に到来する思考は、しばしば他の思考に劣らず生彩があり鮮明であるのを見るとき、いかにしてそれは他の思考に比して虚偽だとわかるだろうか。そして、最良の精神が好むがままにそれを研究するとしても、神の実存を前提するのでなければ、この懐疑を取り除くのに十分な理由を与えることはできないと私は思っている。実際、まず、先に私が規則としたこと、すなわち、われわれが極めて明晰かつ極めて判明に捉えるものはすべて真であるということは、神が存在し実存すること、神は完全な存在者であること、われわれのうちに存在するものはすべて神から到来することを原因としてのみ確かなこととされる。その帰結として、われわれの観念や知見は実在的なものであり、明晰で判明であるところは神から到来するのだから、そのことにおいてのみ、それらは真であることになる。そうである以上、しばしばわれわれが持つ虚偽を含む観念とは、何か混乱し不分明なものを持つ観念だけである。その原因は、そのような観念が、そのことにおいて無を分有するからであり、言いかえるなら、われわれが完全無欠ではないことが原因となって、観念がわれわれのうちでかくも混乱するからである。そして、そうである限りでの虚偽や不完全性が神に由来するというのは、真理や完全性が無に由来するというのと同じく、条理に反することは明らかである。しかし、われわれにおいて実在的で真であるものはすべて、完全かつ無限の存在者から到来することをわれわれが知らなければ、われわれの観念がいかに明晰で判明であろうと、われわれはその観念が真であるという完全性を持つことをわれわれに対して確かにする理由を持たないだろう。

さて、神や魂の認識が先の規則をこのように確実にしたあとでは、[*5]われわれが眠りながら想像する夢想によって、われわれが目覚めながら持つ思考の真理を疑わせるべきではないことが容易に認識される。実際、眠っていても、何か極めて判明な観念を持つこと、例えば、幾何学者が何か新たな論証を発明するということが起こっても、幾何学者の眠りが論証の真であることを妨げるわけでもないだろう。そして、われわれの外部感官と同じ仕方でさまざまな対象を表象することに淵源するわれわれの夢に最もありがちな誤謬について言うなら、黄疸の者には何でも黄色く見えるし、[*6]遥か遠方の天体などは実情よりはるかに小さく見えるのと同じように、われわれが眠っていなくても外部感官はしばしばわれわれを欺くのだから、その誤謬を事由としてわれわれがそのような観念を信用しなくなるとしても大したことにはならない。実際、結局のところ、目覚めていようと眠っていようと、われわれは理性の明証性以外のものでは決して説得されないようにしなければならない。ここで、私は理性の明証性と言っているのであって、想像の明証性とも感覚の明証性とも言っていないことに着目していただきたい。例えば、われわれは太陽を実に明晰に見るけれども、だからといって、太陽はわれわれが見る通りの大きさであるなどと判断してはならない。また、われわれはライオンの頭がヤギの胴体に繋げられるのを判明に想像することができるが、だからといって、世界にキマイラがいると結論する必要はない。実際、理性は、このようにわれわれが見たり想像したりするものが真であるとは教えていないのである。しかし、理性は、われわれの観念や知見には何か真理の基礎があるはずだと教えている。実際、まったく完全で真である神が、真理の基礎を抜きにして観念や知見をわれわれのうちに置いたなどということはありえないだろう。そして、われわれの推理は、目覚めている時に比べて眠っている時には、さほど明証的でも完璧でもないのだから、たとえときおり眠っている時の想像が目覚めている時以上に生彩があり鮮明であっても、理性がさらに教えるところでは、われわれが完全無欠ではないことが原因となって、われわれの思考のすべてが真であることはありえず、われわれの思考が持つ真理は、夢においてよりは、目覚めながら持つ思考において必ずや見出されなければならないのである。

訳注

＊1　デカルトは、一六二九年四月二六日に、オランダのフラネケル大学に「フランス人、哲学者」として登録して、フラネケルに隠れ住み、神と精神についての形而上学的思索を進めて「形而上学小論」をラテン語で書き始めた（デカルトからメルセンヌ宛、一六三〇年一一月二五日（書簡集Ｉ一六八頁））。この小論そのものは失われたが、それがフランス語に訳されて第四部になったと考えられる。

＊2　原文は ce moi, c'est-à-dire l'âme par laquelle je suis ce que je suis. ラテン語訳は Ego, hoc est, mens per quam solam sum is qui sum（DML, p. 558）。なお、「魂」の原語は âme で、ラテン語訳は mens である。この点について、ラテン語の学術用語における mens と anima の異同は、フランス語における esprit と âme の異同に対応しないがために、mens の訳語として、本来 anima の訳語にあてられるべき âme が流用される、との理解がある。それに基づいて âme は「精神」と訳されることが多い。しかし、『方法叙説』を通して、âme の用法は、アリストテレス『魂について（*De anima*）』の問題圏を踏まえてそこから脱しようとするものとなっており、さらに「不死性」の文脈でも登場するものとなっているので、「魂」を訳語にあてる。

＊3　「学校用語」とはラテン語のことであり、それを「自由に」使うとは、定訳のない学術用語を「自由に」フランス語訳するという意味でもある。

＊4　「事由になる」の原語は de sujet. ラテン語訳は causae（DML, p. 561）。後者に従った。

＊5　明証性の規則を使用して神や魂の認識に至る一方で、神や魂の認識が明証性の規則を確実にするということは、循環論法にならないかと疑われうる。そのような「デカルトの循環」をめぐる議論は『省察』研究での大きな論点である。

＊6　黄疸は必ずしも色覚異常（黄視症）を伴わないが、その事例は古代懐疑論から疑われずにあげられている（セクストス・エンペイリコス一九九八、二八頁など）。経験的事実と懐疑論的議論の間に齟齬があ

っても構わないが、それは「黄疸」を「黄視症」に差し替えても解消されない齟齬だと言えよう。

第五部

このまま続けて、第一の真理から演繹される別の諸真理の連鎖全体をここで紹介できればとても嬉しいのだが、そのためには、学者間で論争になっている諸問題についていま語ることが必要になる。私としては論争に加わりたくないので、それは差し控えて、演繹される真理が何であるかを一般的に述べるだけにし、公衆がそれについてより詳しく知らされるのが有益かどうかを賢明な者に判断してもらうほうがよいと思う。私は、神と魂の実存を論証するために使った原理だけを仮定し、かつ、これまで幾何学者が行なった論証以上に明晰で確実なものだけを受け入れる決意を常に堅持してきた。にもかかわらず、あえて言うが、哲学で扱われる慣行となっている主要な難問にかんして、満足できる手段を短期間で発見しただけでなく、神が自然のうちに制定し、神がわれわれの魂のうちにその知見を刻みこんだ諸法則に気づいたのである。*1 そのことを十分に反省したあとには、世界の中に存在するものや生成するものにおいてその法則が精確に守られていることをわれわれは疑えないほどだ。次いで、法則からの帰結を考察して、私はかつて学んだり学びたいと願ったりしたものより有益で重要な複数の真理を見出したと思われるのである。

しかし、何ほどかの考慮のゆえに公刊を控えている論文で[*2]、私は主要な真理を説明しようとしていたので、それを認識してもらうには、ここでその内容を要約的に述べるしかないだろう。私は、その論文を書く前には、物質的なものの自然本性にかんして自分が知っていると考えたすべてのことを、そこに収めるつもりだった。しかし、画家が、平らな画面の中に立体の全面を表象できないので、光をあてる主要面を一つ選んで他の主要面は暗くし、前者を見つめる限りで後者が見えてくるようにするのとまったく同じように、私も、自分の思考にあったすべてをその論文の叙説に入れられないことを案じて、光について捉えていたことだけを詳しく示そうと企てた。次いで、光を機縁として、光のほとんどを発するがゆえに太陽と恒星について、光を伝えるがゆえに天空について、光を反射するがゆえに惑星・彗星・地球について、そしてとくに、色づいたり透明であったり光ったりするがゆえに地球上の物体すべてについて、最後に、光の観察者であるがゆえに人間について、多少付け加えようと企てた。さらに、これらすべてに少しだけ陰影をつけるために、そうして、学者の一致した見解への是非を問われず、自由に自分の判断を述べるようにするために、私が決心したのは、ここではこの世界全体を学者の論争に委ねること、そして、新世界についてだけ語ることだった。すなわち、仮に神が、いま想像空間の中のどこかに世界を創作するのに十分な物質を創造し、神が物質の部分を多様かつ順不同に動かして、詩人が虚構する世界と同じように混乱したカオスを創作し、その後で神は自然に対して通常の協力だけを与えて、神が制定した法則に従って自然が動くままにしたとするなら、その新世界で起こるであろうことについてだけ語ることだった。そうして、まず私は物質を記述し、先に神と魂について述べられたことを除けば、物質は世界で最も明晰で知解可能なものだと表象しようとした。実際、私は、物質には学校で論議される形相や形質はないと殊更に仮定したし、一般に無知を仮構できないほどその認識がわれわれの魂にとって自然であるものだけが物質にはあると仮定したのである。次に、私は自然の法則の何たるかを示した。そして、神の無限の完全性だけを原理とする諸理由によって、少しでも疑いの余地のある法則はすべて論証するように努め、神が複数の世界を創造したとしてもそれらの法則が守られない世界は一つもないことを示すように努めた。その後、私が示したのは、どのようにこのカオスの物質の最大部分が法則に従って、それをわれわれの天界に似たものにする一定の仕方で配置され調整されるかということであり、しかしまた、どのように物質のある部分が地球を、ある部分が惑星と彗星を、ある部分が太陽と恒星を創作するはずであるかということであった。そしてここで光の主題に向かい、私が詳細に説明したのは、太陽と星に発見されるはずの光とは何であるのか、いかにして光は太陽と星から一瞬で天界の広大な空間を通過するのか、いかにして光は惑星と彗星から地球の方向に反射するのかということであった。また私は、天界と天体の実体・位置・運動・全形質にかんして多くのことを付け加えた。そのようにして、私が記述する世界の天界と天体は、この世界の天界と天体に似るはずだろうし、少なくとも似てくるように見えると認識するのに十分なほど語ったと考えたのである。そこから出発して私は、とくに地球について語ることに向かった。すなわち、地球が創作される物質に神は重さを入れなかったと私は殊更に仮定したが、いかにして地球の全部分が正確に地球の中心に向かわずにいないのか、いかにして地球の表面に水と空気があって、天界と天体の配置、とりわけ月の配置が、いかなる条件の下でも、われわれの海で見られるものに似た干満を引き起こすのか、加えて、いかにして水と空気の一定の流れが熱帯で見られる東から西への流れになるのか、また、いかにして山・海・泉・川が自然に形成されうるのか、金属が鉱山に移りうるのか、植物が平地で発育しうるのか、一般に混合物や複合物と呼ばれる物体が発生しうるのかを私は語ったのである。そして、とりわけ、世界で光を生産するものとして天体以外には火だけが認められるので、私は火の自然本性に属することすべてを明晰に理解させることができるよう専心した。すなわち、いかにして火は生じるのか、いかにして火は大きくなるのか、いかにして火はときに光なしに熱だけを持ち、ときに熱なしに光だけを持つのか、いかにして火はある物体を溶解し、別の物体を固化するのか、いかにして火はほとんどの物体を焼き尽くしたり灰と煙に変えたりすることができるのか、そして最後に、いかにして火の作用だけで灰から硝子《ガラス》が形成されるのかを理解させることができるよう専心したのである。実際、灰の硝子への転化は最も驚くべき自然の出来事なので、それを記述するのは私にとって格別の喜びだった。

しかしながら私は、以上のことから、この世界は私が提示した仕方で創造されたと推論するつもりはなかった。というのも、神は最初からこの世界を然るべくあらしめたというのが、はるかに真であるように見えるからである。しかし、いま神がこの世界を保存する作用は、神がこの世界を創造した作用とまったく同じであることは確実であり、神学者も一致して受け入れている見解である。それゆえ、最初に神がこの世界にカオスの形態だけを与えたのだとしても、神が自然の法則を制定し、自然が通常通りに作用するために自然に対して協力を与えるなら、そのことだけによって、純粋に物質的なものは、時とともに、われわれが現在見ているようになりえたと、創造の奇蹟を損なうことなく信じることができる。そして、物質的なものの自然本性を捉えるのは、すっかり出来上がったものとして考察する場合より、このように少しずつ生まれると見る場合のほうが容易なのである。*3

私は、魂なき物体や植物の記述から、動物の記述へと、とくに人間の記述へと移った。しかし、私は、他のものについて語るのと同じ様式で人間について語るには、言いかえるなら、原因によって結果を論証し、いかなる種子からいかなる仕方で自然が結果を生産するはずであるかを示しながら人間について語るには、まだ十分な認識を持っていなかったので、次のように仮定することで満足した。すなわち、神は、四肢の外形も器官の内部構成もわれわれの身体にまったく類似した人間の身体を形成したが、その際、私が記述した物質だけでそれを創作し、最初はそこに理性的な魂も、植物的な魂や感覚的な魂の役をなす何ものも置かず、先に私が説明した光なき火の一種をその心臓に灯《とも》しただけだと仮定したのである。その光なき火は、乾く前に密封された干し草を熱する火や、搾《しぼ》りかすと一緒に発酵する新しい葡萄酒を泡立たせる火とまさに同じ自然本性だと捉えられた。実際、その帰結としてこの身体にありうる諸機能を調べてみて、私がそこで発見した機能は、われわれが思考せずともわれわれのうちにありうる機能だけであり、したがって、われわれの魂、言いかえるなら、先に述べたように思考することだけが自然本性である部分が貢献せずともありうる機能、また、それがためにわれわれが理性なき動物に似ていると言われうる機能と同じ機能だけである。そのため、そこに私は、思考に従属するがゆえに、人間である限りでのわれわれにだけ属する機能を一つも発見できなかったが、それに対して、神が理性的な魂を創造し、私が記述した一定の仕方で神が理性的な魂をこの身体に結合したと仮定したあとには、私はそのような機能をすべてそこで発見したのである。

しかし、私がこの題材をどのように取り扱ったかを見てもらうために、ここで心臓と動脈の運動の説明を入れておきたい。その運動は動物で観察される第一の最も一般的な運動なので、他のすべての運動をどう考えるべきかは、そこから容易に判断されるだろう。そして、これから私がその運動について述べることを理解するのを容易にするために、解剖に通じていない者は、これを読む前に、肺を持つ大きな動物の心臓を目の前で切開してもらう労をとってほしい。その心臓の各部分は人間の心臓にとてもよく似ているからである。そして、そこにある二つの心室ないし心窩《しんか》を見せてもらってほしい。まず、心臓の右側にある心室には、とても大きな二本の管が達している。すなわち、一つは大静脈、血液の主たる集積所で、これはいわば樹木の幹であり、身体の他のすべての静脈は枝にあたる。もう一つは動脈性静脈で、これは実は動脈なので名称は間違えているが、心臓に発し、心臓から出て多くの枝に分かれ、肺のいたるところに広がっていく。*4 次に、心臓の左側にある心室には、同様に二本の管が達している。すなわち、一つは静脈性動脈で、これは静脈にほかならないので名称は間違えているが、肺から来ている。*5 それは肺で多くの枝に分かれ、動脈性静脈の枝や、呼吸の空気が入る気管と呼ばれる導管の枝と絡み合っている。もう一つは大動脈で、これは心臓から出て、身体全体にその枝を張っている。私としては、一一の小さな弁も念入りに見せてもらってほしい。それらは、小さな扉のように、二つの心室にある四つの開口部を開閉する。すなわち、三つの弁は大静脈の入口にあり、大静脈の中の血液が心臓の右心室に流れるのは妨げないが、血液がそこから出るのは厳しく妨げるように配置されている。次の三つの弁は動脈性静脈の入口にあり、前のものとは反対に配置されていて、心室の中の血液が肺に行くのは許すが、肺の中にある血液が逆戻りするのは許さない。また、他の二つの弁は静脈性動脈の入口にあり、血液を肺から心臓の左心室には流れさせるが、逆流は禁じる。また、他の三つの弁は大動脈の入口にあり、血液が心臓から出るのは許すが、心臓に戻るのは妨げる。そして、これらの弁の数がなぜ一一なのかについては、静脈性動脈の開口部は、その位置のために楕円形なので二つの弁でうまく閉められるが、他の開口部は丸いので三つの弁でうまく閉められるということ以外に理由を求める必要はない。さらに、私としては、次のことも注視してほしい。大動脈と動脈性静脈は、静脈性動脈と大静脈より硬くて堅固に構成されていること、また、後の二者は心臓に入る前に広がって二つの袋のようになり、それは心耳《しんじ》と名づけられていて、心臓と同じような肉で構成されていること、*6 また、心臓には常に身体のどの場所よりも熱があること、最後に、この熱によって、一般にとても熱い容器に一滴ずつ落とされる液体がそうなるように、心室に入る少量の血液が急速に膨れ上がることを注視してほしい。

　実際、その後では、心臓の運動を説明するのに、次のことだけを述べれば事足りる。すなわち、心室が血液で一杯でないときは、血液は必ず大静脈から右心室に流れ、静脈性動脈から左心室に流れる。この二つの管は常に血液で一杯であり、心臓に達する開口部はそのときには塞《ふさ》がれないからである。ところで、血滴が入ってくる開口部は大きく、血滴が出てくる管は血液で一杯なので、血滴は大きくなるしかないが、血液が各心室に一滴でも入るとすぐに、心室の熱のために希薄化して膨張する。このような手段によって血滴は心臓全体を膨らませながら、この血滴が出てきた二つの管の入口にある五つの小扉を押して閉め、そうして心臓にそれ以上、血滴が落ちないようにする。そして、血滴はますます希薄化して、他の二つの管の入口にある他の六つの小扉を押し開けて出て行き、このような手段によって、動脈性静脈と大動脈のすべての枝を、心臓とほとんど同時に膨らませる。動脈に入った血液はそこで冷えるので、心臓はその後すぐに、これらの動脈と同じように収縮して、六つの小扉は再び閉じられる。そして、大静脈と静脈性動脈の五つの小扉が再び開かれ、それぞれの次の血滴を通す。それが、前と同じように、再び心臓と動脈を膨らませるのである。そして、心臓に入る血液は、心耳と呼ばれる二つの袋を通るので、心耳の運動は心臓の運動とは逆になり、心臓が膨張すると心耳は収縮する。なお、数学的論証の力を認識しておらず、真の理由と真に見える理由を区別することに慣れていない者が、このことを調べもせずに否定してしまわないよう、次のことに注意しておきたい。すなわち、私が説明した心臓の運動は、眼で心臓の中に見ることのできる器官の簡単な配置と、指で心臓に感じることのできる熱と、実験で認識できる血液の自然本性から必然的に出てくるのであり、それは、時計の運動が、その分銅と歯車の力・位置・形状から出てくるのと同じである。

しかし、静脈の血液は継続的に心臓に流れこんでいるのに、どうしてなくならないのか、また、心臓を通る血液はすべて動脈に行くのに、どうして溢れないのかと尋ねられるなら、イギリスのある医者[*7]によってすでに書かれたことが十分な答えになる。その医者は、この方面での疑問を氷解させ、次のことを教えた人として称賛されなければならない。すなわち、動脈の末端には多数の小さな通路があって、動脈が心臓から受け取った血液はそこを通って静脈の小さな枝に入り、そこからまた心臓に向かうのであり、そのように、血液の流れは永続的な循環にほかならないのである。このことを彼は、外科医としての普通の実験によって実にうまく証明している。すなわち、腕を、静脈を切開した箇所の上方で適度に強く縛り、縛らなかったときより多量の血液が出るようにする。もしその箇所の下方を手と開口部の間で縛るか、または、その上方を極めて強く縛るなら、それと正反対のことが起こるだろう。実際、適度にきつく縛られた紐は、すでに腕の中にある血液が静脈を通って心臓のほうに戻るのを妨げることができるが、血液が動脈を通って常に新たに来るのは妨げないことは明白である。その原因は、動脈が静脈より奥に位置していて、動脈の膜はより硬くて圧迫されにくいからであり、また、心臓から来る血液は、静脈を通って心臓に戻るときより、動脈を通って手に行くときのほうが、大きな力で通る傾向があるからである。そして、動脈のこの血液は、静脈の一つにある切開部を通して腕から出るのだから、縛った紐より下方に、言いかえるなら腕の末端に何らかの通路があり、そこを通って血液が動脈から静脈に来ることができるのでなければならない。この医者はまた、血液の流れについて自分が述べるところを、ある小さな弁によってうまく証明している。これらの弁は静脈に沿ってさまざまな場所に配置され、血液が身体の中心から末端に流れるのを許さず、末端から心臓に戻ることだけを許すようになっている。さらに、この医者の実験が示すところでは、身体の全血液は一本の動脈が切開されるだけでごく短時間のうちにそこから出てしまうのであり、そのことはたとえその動脈を心臓のごく近いところで強く縛り、その紐と心臓の間で切開しても変わらないので、血液が心臓以外のところから来ると想像する根拠は何もないのである[*8]。

しかし、血液のこの運動の真の原因が私の述べた原因であることを証すものは、他にも多くある[*9]。まず、静脈から出る血液と動脈から出る血液のあいだに認められる差異が生じるのは、血液が心臓を通ると希薄化され、いわば蒸留されて、心臓から出た直後には、言いかえるなら動脈の中にあるときには、心臓に入るときより、言いかえるなら静脈の中にあるときより、活発で熱いからである。そして、この差異は、心臓の近くでは明らかだが、心臓から遠いところではさほどでもないということが、注意すれば発見されるだろう。次いで、動脈性静脈と大動脈を構成する膜が硬いということから、血液は静脈に対してより動脈に対して強く当たっていることが十分に示される。では、どうして左心室と大動脈は、右心室と動脈性静脈より広くて大きいのか。動脈性静脈の血液は、心臓を通ってからは肺の中にあるだけなので、大静脈から直接に来る血液より微細であり、容易に強く希薄化されるからにほかならない。そして、血液が自然本性を変えるにつれて、心臓の熱による希薄化の強さや速さの度合が変わりうることを医者が知らないとしたら、脈をとる際に医者は何を見分けることができているることになるのか。この熱がどのように他の部分に伝わるのかを調べるなら、心臓を通るときそこで熱せられて全身体に広がる血液を手段とすることを認めなければならないだろう。だから、ある部分から血液を取り除くと、まさに熱を取り除くことになる。また、たとえ心臓が焼けた鉄のように熱かったとしても、継続的に新たな血液を送りこまなければ、手足を引き続き温めるのには足りないのである。また、このことから認識されることだが、呼吸の真の効用は、肺の中に冷たい空気を十分に取り入れることである。つまり、心臓の右心室で希薄化され、いわば蒸気に変えられて肺に来る血液は、肺で濃縮されて血液に再転換され、そして左心室に再び入っていくのである。そうでなければ、血液は、心臓にある火を養う役として適切なものにはなりえないだろう。それは次のことからも確認される。すなわち、肺のない動物は心臓に心室が一つしかなく、母の胎内に閉じこめられているときに肺を使えない胎児は、血液を大静脈から心臓の左心室に流す開口部と、血液を動脈性静脈から肺を通らずに大動脈に移す導管を持っているからである。[*10] 次いで、消化であるが、もし心臓が動脈によって胃に熱を送らず、それとともに、胃に入った食物の分解を助ける血液の最も流動的な部分を送らなかったなら、どうして胃で消化が行なわれるだろうか。そして、食物の汁を血液に変える作用については、食物の汁が繰り返し、おそらく一日に一〇〇回か二〇〇回以上も心臓を通って蒸留されると考えるなら、容易に認識されるのではないだろうか。そして、栄養摂取と身体内部の多様な体液の産生については、血液が希薄化して心臓から動脈末端に移る力によって、血液の一部は肢体の一部に留まり、血液の別の部分を追い出してそれに取って代わる、また、血液が出会う孔の位置・形状・小ささに応じて、血液の各部分は別々の場所に向かうと述べるだけで、説明として十分ではないだろうか。このことは、誰もが知るように、多様な穴の篩《ふるい》が多様な穀粒を選り分けるのに役立つのと同じことである。最後に、これらすべてのうちで最も注目すべきは、動物精気の発生である。動物精気は、極めて微細な風、あるいはむしろ極めて純粋で活発な火のようなものであり、継続的に大量に心臓から脳に上昇し、脳から神経を通って筋肉の中に赴き、肢体の各部分に運動を与える。血液で最も活動的で最も浸透性のある部分であり、この精気を構成するのに最も適した部分が他ならぬ脳に赴く原因については、次のように想像するだけでよい。すなわち、精気を脳に運ぶ動脈は、心臓から出る動脈のうちで最も直線的であり、また、自然の規則と同じである力学の規則によれば、多くのものが一斉に同じ方向に動きながらも、血液が心臓の左心室から出て脳に向かう場合のように、すべてを容れる余地がないときには、より弱く不活発なものは、より強いものによって押しのけられ、そのような手段によって、強いものが脳に赴くことになるのである。

これらすべてのことを、私は以前公刊するつもりだった論文では詳細に説明しておいた。そして続けて、内部にある動物精気が肢体を動かす力を持つためには、人間身体の神経と筋肉がいかなる組立てになっていなければならないかを示しておいた。そのことは、頭が切り落とされた直後に、もはや生きていないにもかかわらず、なお動いて地面を突くことにも見てとれる。また、覚醒・睡眠・夢を引き起こすためには、いかなる変化が脳の中で起こらなければならないか、いかにして光・音・臭い・味・熱などの形質が感官の媒介で脳に多様な観念を刻みこむことができるのか、いかにして飢え・渇きなどの内部情念も脳にその観念を送りこむことができるのかを示しておいた。また、これらの観念が受け入れられる共通感官は何と捉えられるべきか、これらの観念を保存する記憶は何と捉えられるべきか、これらの観念を多様に変化させて新たな観念を構成することができる空想、しかも同じ手段によって動物精気を筋肉に分配しながら、意志に導かれずにわれわれの身体が動くことができるのと同じくらい多様な仕方で、感官に現われる対象や身体にある内部情念に応じて身体の各部を動かすことができる空想を何と捉えるべきかを示しておいた。このようなことは、人間の技巧がどれほど多様なオートマット、すなわち自動機械を制作できるかを知る者には決して奇妙には思われないだろう。その際には、各動物の身体の中にある骨・筋肉・神経・動脈・静脈など数多くの部分に比べれば、ごくわずかな部品しか使われていない。かれらは、その身体を、神の手によって制作されたため、人間によって発明されたどんな機械よりも比類なく整序されており、見事な運動を自己のうちに備えているような一つの機械と見なすだろう。

ここで私はとくに立ち止まって、次のことを示した。[*11] すなわち、サルなどの理性なき動物の器官と外形を持つような機械があるとするなら、その機械が動物と同じ自然本性ではないことを認知する手段をわれわれは一つも持っていないだろう。それに対して、われわれの身体に類似し、実践的に可能な限りわれわれの行動を模倣する機械があるとしても、その機械が真の人間ではないことを認知する極めて確実な二つの手段をやはりわれわれは持っているだろう。第一の手段は、機械は、われわれが自分の思考を他人に表明するために使うようには、言葉を使うことも、別の記号を構成してそれを使うこともできないということである。実際、たしかに、機械が言葉を発するように制作されるのを考えることはできるし、また、その器官に変化を引き起こす身体の作用に応じて言葉を発するように制作することもできる。機械がどこかに触れられると何を言いたいのかと尋ね、別の所に触れられると痛いと叫ぶ、といったようなことである。しかし、面前で言われるすべてのことの意味に応答するために、機械が言葉を多様に配列すると考えることはできない。それは、人間ならいかに鈍くてもできることだ。そして、第二の手段は、機械は多くのことをわれわれと同じくらい、あるいは、おそらくわれわれよりうまく行なうとしても、必ずどこかでしくじるのであって、そこにおいて、機械は認識によって動いているのではなく器官の配置のみによって動いていることが見てとられるだろう。実際、理性は普遍的な道具であり、どんなことに出会っても役立ちうるのに対して、機械の器官はそれぞれ特定の行動のために特定の配置を必要とする。したがって、人生のどんな出来事においても、われわれが理性によって動かすのと同じ仕方で動かすようにして、一つの機械に多数多様な配置を入れるのは実践的に不可能なのである。

さて、この二つの手段によって、人間と動物のあいだにある差異を認識することもできる。実際、注目すべきことに、いかに鈍く愚かな人間でも、狂人でさえ例外ではなく、多様な言葉を配列し、語りを構成して、自分の思考を聞かせることができるが、反対に、他の動物は、どんなに完全で幸運に生まれついても、同じようなことを行なう動物ではありえない。そのことは、動物に器官が欠けているから生じるのではない。実際、カササギやオウムはわれわれのように言葉を発することができるが、われわれのように話すこと、言いかえるなら、自分が語ることを思考しているのを証しながら話すことはできない。それに対して人間は、生まれながらに聾啞で、他人が話す際に用いる器官が動物より欠けていても、自ら何らかの記号を発明するのが常であり、それによって、日常的にかれらと共にいて、かれらの言語を学ぶ余裕のある者に、自分のことをいわば聞かせて理解させる。このことは、動物が人間より小さな理性を持っていることだけでなく、動物が理性をまったく持たないことを証している。実際、話せるためには、わずかな理性で足りることは明らかである。そして、同種の動物のあいだには、人間のあいだにあるのと同じくらい不平等が認められ、他より訓練されやすいものがいる以上、サルであれオウムであれ、その種のうちで最も完全なものでさえ、話すことにおいては、最も愚かな子どもとも、脳に障害がある子どもとさえ対等にならないというのは、動物の魂がわれわれの魂と自然本性的にまったく異なるのでなければ、信じられないことである。そして、言葉と自然な運動を混同してはならない。自然な運動は情念を証し、動物によっても機械によっても模倣されうる。また、ある古代人のように、われわれにはその言葉が聞こえないが動物は話しているのだと考えてもならない。実際、もしそれが真実なら、動物はわれわれの器官に関係する多くの器官を持っていることになり、同類に対してと同じくわれわれにも聞かせることができるだろう。これも注目すべきことだが、ある行動においていて、われわれ以上に技巧を証す動物がいるが、その動物は他の多くの行動においては技巧を証することがない。そうである以上、動物がわれわれよりうまく行なうということは、動物が精神を持つことを証明しないのである。実際、その勘定で行くと、その動物はわれわれより多くの精神を持ち、すべてのことにおいてうまく行なうことになるだろう。しかし、むしろそのことが証明しているのは、動物は精神をまったく持たず、動物においては、その器官の配置に従って自然が作用しているということである。明らかにそれは、歯車と発条《ばね》だけで構成される時計が、われわれが思慮を尽くすより正確に時を数え、時間を計測できるようなものである。*12

そのあとで私は、理性的な魂を記述した。そして、理性的な魂は、これまで私が述べてきた他のものとは違って、物質の力能から導出されることはありえず、理性的な魂は殊更に創造されなければならないことを示した。そして、どうして水先案内人が船に乗るようにして魂が身体に宿るだけでは、おそらく手足を動かすことを除いて、十分でないのかを示した。それに加えて、われわれと同じような感情と欲求を持ち、そうして真の人間を構成するためには、魂がより緊密に身体に結合して合一する必要があることを示した。なお、ここで私は、魂の主題を少し押し広げた。それは最も重要なことだからである。実際、神を否定する者の誤謬について私はこれまで十分に論駁したと思うが、次の誤謬ほど弱い精神を徳の正道から遠ざけるものはない。それは、動物の魂はわれわれの魂と同じ自然本性だと想像し、したがってわれわれは、ハエやアリと同じく、この生の後には恐れるべきものも希望するべきものも持たないと想像する誤謬である。それに対して、動物の魂とわれわれの魂がどれほど異なるかを知るとき、われわれの魂が身体からまったく独立した自然本性であること、したがって、われわれの魂は身体とともに死ぬべく定められているのではないことを証明する諸理由をよく理解する。次いで、魂を破壊する他の原因は見あたらないのだから、そのことから、魂は不死であると自然に判断するようになるのである。*13

訳注

*1　一六三〇年に表明された永遠創造真理説の一面を示している。「私の自然学においては、いくつかの形而上学の諸問題に、とりわけ次のような問題には触れずにはおかないでしょう。永遠であると称される数学的真理は、他のすべての被造物と同様に、神によって確立されたものであり、神に全面的に依存している、ということです」（デカルトからメルセンヌ宛、一六三〇年四月一五日（書簡集Ⅰ一三五頁））。「神が被造物の存在の作者であるように、本質の作者でもあることは確かだからです。ところでこの本質とは、永遠真理以外の何ものでもありません。〔…〕神は、中心から円周へと引かれたすべての直線が等しいということを真ではないようにすることができるほど自由であったのと同様、世界を創造しないことも自由であった〔…〕」（デカルトからメルセンヌ宛、一六三〇年五月二七日（書簡集Ⅰ一四一―一四二頁））。

＊2 『世界論、あるいは光論』（一六三三年執筆、一六六四年公刊）（デカルト 一九九三b）のことである。

＊3 ここまでの現実世界生成論を発生‐構造論と呼ぶことができるが、デカルトは、植物・動物・人間についても発生‐構造論的叙述を目指している。しかし、以下では、認識や実験の不足のために、いわば次善の策として、ある「仮定」を置いて叙述を進めていく。そこでは、心臓の運動と血液の運動が中心的な位置を占めることになる。

＊4 現在は「肺動脈」と呼ばれる。

＊5 現在は「肺静脈」と呼ばれる。

＊6 「心臓」は今日では二心房二心室の臓器と見られるが、心耳ないし心房を血管の拡張部と捉える見方が伝統的だった（デカルト 二〇一七a、一〇一、一五二頁参照）。

＊7 ウィリアム・ハーヴィ（一五七八—一六五七年）のこと。ハーヴィに対する評価については、デカルトからプレンピウス宛、一六三八年二月一五日（書簡集Ⅱ九七—一〇一頁）を参照。

＊8 血管を縛ること（結紮《けっさつ》）による血液循環の証明については、デカルト 二〇一七a、一六一頁も参照。

＊9 デカルトは心臓の運動が血液循環の「真の原因」であるとしてから、以下、その「真の原因」によって、呼吸・消化・運動を説明し、さらに動物精気によって脳神経系の一部機能も説明して、植物的な魂の機能と動物的な魂の機能を、さらには理性的魂の機能の一部をも一挙に説明していく。

＊10 胎児の血液循環については、デカルト 二〇一七a、一五八頁も参照。なお、心臓での血液の希薄化については、当時からフロモンドゥスとのあいだで論争になった（デカルトからプレンピウス宛、一六三七年一〇月三日（書簡集Ⅱ八—九頁）などを参照）。

＊11 以下の人間・動物・機械の異同をめぐる議論は、『世界論』にも『人間論』（デカルト 一九九三c）にも見られない。「仮定」の下にある議論だからだとも推測できるだろう。

＊12　人間と動物の差異についての議論としては、デカルトからニューカッスル侯宛、一六四六年一一月二三日（書簡集Ⅶ二〇二―二〇四頁）も参照。

＊13　『省察』初版（一六四一年）の書名には「魂の不死性が論証される（animæ immortalitas demonstratur）」という文言が含まれるが、『省察』第二版（一六四二年）ではその文が「人間の魂が身体から区別されることが論証される（animæ humanæ à corpore distinctio demonstrantur）」に置き換えられた。デカルトは、区別によって不死性の可能性を論証しようとしたが、ジルソンによれば、それ以上のことについては慎重だった（Gilson, pp. 436-438）。

第六部

さて、いまから三年前、私はこれらすべてを含む論文[*1]を書き終え、印刷業者の手に渡すために見直しを始めていたが、そのとき、私が服している方々、すなわち、私の思想に私自身の理性が及ぼす力に劣らぬほどの権威を私の行動に及ぼす方々によって、ある人が少し前に公刊した自然学の見解が認可されなかったこと[*2]を知らされた。その見解について、私は賛同していたと言うつもりはない。そうではなくて、こう言っておきたい。その方々による検閲以前には、その見解には宗教や国家に損失をもたらすと想像されうるものは何も認められなかったし、したがって、理性によって私が納得したなら私がそれを書いてもかまわないものしか認められなかった、と[*3]。そして、こうも言っておきたい。極めて確実な論証が得られていない新規の見解は決して信用して賛成しないように、また、誰かの不利益になりそうな見解は一つも書かないように私は常に最大限の注意を払ってきたが、それでも、このようなことが起こってみると、私の見解の中に、何か私が誤認してきたところがあるのかもしれないと心配になった、と。このことだけでも、私の見解を公刊する決意を変更しなければならなくなるには十分だった。しかも、私が公刊を決意した理由は極めて強いものではあったけれども、私には書物を作成する職を嫌う傾向があって、公刊を止めても弁明するための十二分な理由がすぐに見つかった。そして、双方の理由を、ここで書いておくことは私にとって重要であるだけでなく、おそらくそれを知ることは公衆にとっても重要だろう。

私は自分の精神に由来するものを重んじたことは一度もなく、私が使用する方法によって思弁的学問に属する難問にかんする成果だけで満足していたときには、方法に教えられた論拠によって自分の慣行を律することに努めはしたものの、方法について何かを書く責務があるとは思っていなかった。実際、慣行について言っておくなら、神によって人民の主権者に任じられた者以外の者にも、あるいはむしろ、神によって預言者たるための恩寵と熱情を与えられた者以外の者にも、慣行の変更を企てることが許されるとすれば、誰もが自分なりの見識を大いに持っているのだから、人間の頭数と同じだけの改革者が現われるだろう。しかも、私としては自分の思弁を大いに好んでいるが、誰もがおそらくそれ以上に自分なりの思弁を好んでいると思われるのである。しかし、自然学にかんして一般的知見を獲得して以来、そしてそれをさまざまな特殊な難問で験《ため》し始めて以来、その一般的知見でどこまで行けるか、また、その一般的知見が現在まで使用されてきた諸原理とどれほど異なっているのかに気づくとすぐ、私はそれを隠しておくことはできないと思ったし、隠しておくなら、われわれはおのれの力の限り万人の一般的善をもたらすべきだとする法に反して大きな罪を犯すことになると思った。実際、一般的知見を通して私に見えてきたことだが、生命にとって極めて有益な認識に到達することは可能であり、学校で教えられる思弁哲学に取って代わって、ある実践哲学を発見することは可能なのである。この実践哲学によって、火・水・空気・天体・天界など、われわれを取りまく物体の力と作用を認識し、しかも職人の技巧を認識するのと同じように判明に認識して、われわれは職人と同じ仕方で各物体をそれに相応《ふさわ》しく使用することができるだろうし、そうしておのれを自然の主人にして所有者にすることができるだろう。このことが望まれるべきなのは、大地からの収穫物と大地にある全有用物を労苦なく享受させる無数の技術の発明のためだけでなく、主として、明らかに第一の善であり人生の他のすべての善の基礎である健康の保存のためである。実際、精神でさえ体質と身体器官の配置に依存しているので、これまで以上に人間をみな賢明で器用にする何らかの手段を発見できるとすれば、医学においてこそ探すべきだと私は思っている。たしかに、現行の医学には、効用の著しいものはほとんど含まれていない。しかし、現行の医学を軽視する意図が私にあるわけではない。誰もが、医学を職業とする者でさえ認めると私は確信しているけれども、医学で知られているものは、知るべく残されているものに比べるならほとんど無に等しいが、その原因の認識と、自然がわれわれに提供する薬物すべての認識が十分に得られるなら、身体と精神の無数の病気を、おそらくは老年の衰弱さえ免れることができるだろう。さて、私の意図としては、かくも必須の学問の探求に全人生を費やすつもりだった。

そして、その学問を発見するに違いないと思われる道を私は見出したが、その道を辿るのを妨げるのは人生の短さと実験の不足であって、これら二つの障害に対抗する最良の療法は、私が発見したものがいかにわずかであっても、それを誠実に公衆に伝えること、そして、善良な精神の人がその先へ進むように促すことだと私は判断していた。その際、各人はその傾向と力量に応じて、為されるべき実験に貢献し、学んだものすべてを公衆に伝えるが、それは、先行者が終えたところから後続者が始めるようにして、多数者の人生と労働を結合し、われわれ全体として、個別に行なうよりはるかに遠くまで進むためなのである。

しかも実験については、認識を進めるためには、それだけ多くの実験が必要であることに私は注目していた。実際、始まりとしては、われわれの感官におのずと現われ、すこし反省すればいやでも知られるような実験だけを利用することのほうが、洗練された稀少な実験を探求することより優先される。その理由は、いまだ共通の原因が知られていないときには、稀少な実験が依存する状況はほとんど常に特殊で微細であるため、それに気づくのが困難であり、しばしば欺《あざむ》かれるからである。ところで、この点で私がとった順序は次のようなものだった。第一に、私は、世界の中に存在するもの、あるいは世界の中に存在しうるものすべての原理ないし第一原因を一般的に発見しようと努めた。ただし、そのために、世界を創造した神だけを考慮し、われわれの魂の内に自然に存在する真理の種子だけから、原理ないし第一原因を引き出したのである。その後で、私は、その原因から演繹されうる第一の結果、最も通常の結果が何であるのかを調べた。そのようにして私は、天界・天体・地球を発見し、さらに地球上では、水・空気・火・鉱物など、最も通常の、最も単純な、したがって最も認識しやすい事物を発見する次第になったと思われる。次いで、私はより特殊な事物に降《くだ》っていこうとしたが、あまりに多様な事物が私の前に現われてくるため、地球上に存在する物体の形相や形質を、神が意志するなら地球上に置かれて存在したであろう他の無数の物体の形相や形質から区別することが人間精神に可能であるとは思われなかった。したがって、われわれが地球上の物体を使用するには、結果を介して原因に進むようにして、多くの特殊な実験を利用しなければならないと思われたのである。それに続いて、かつて私の感官に現われたすべての対象を私の精神によって調べ直したが、私の発見した原理によって十分うまく説明できないような事物はひとつも認められなかったとあえて言っておきたい。しかし、私は次のことも認めておかなければならない。すなわち、自然の力能は豊富で巨大であり、私の発見した原理は単純で一般的であるから、私がどんな特殊な結果に注目するにせよ、当初はその結果が複数のさまざまな方式で原理から演繹されうると私は認識し、通常はどの方式によって結果が原因に依存するのかを発見することが私にとって最大の難問になる。というのも、それに対して私の知る唯一の方策は、事象を説明すべき方式を変えるなら当の事象も変わってくるような複数の実験を探求することになるからである[*4]。いずれにせよ、そのような結果をもたらすのに役立ちうる実験の多くについては、いかなる角度からそれが行なわれるべきかを承知するところまで、いまや私は来ていると思われる。とはいえ、これも承知していることだが、そのような実験の数はあまりに多いので、私の手と収入が一〇〇〇倍になったところで、実験すべてにはとても足りないだろう。このような事情なので、今後は、私が実験を行なう好機の多少に応じて、自然の認識においてどれほど前進するかが決まってくるだろう。このようなことが、私が書いていた論文を通して認識されると期待していたことである。また、私はその論文で公衆が受け取ることのできる効用を明晰に示すことを約束していたので、一般に人間の善を望むような人なら誰であれ、言いかえるなら、有徳だと見せかけているのでも有徳の評判があるだけでもなく、本当に有徳である人なら誰であれ、すでに行なわれた実験を私に知らせてくれるとともに、行なうべく残されている実験の探求において私を助けてくれるよう強く依頼していたのである。

しかし、あの時から、別の理由で私は見解を変え、次のように考えるようになった。すなわち、何らかの重要性があると判断されることは、そこに真理が見出される限り、何であれまさに書き続けるべきであり、その際には、それを印刷させようとする場合と同程度の注意を払わなければならない、と。その第一の目的は、それをよく精査する機会を多くするためである。明らかなことだが、自分のために書くものより、多数の人に見られるにちがいないと思うもののほうが、念入りに調べられるのが常だ。また、知り始めたときは真だと思われたものが、紙に書こうとすると虚偽に見えてくることも多い。第二の目的は、私にできるのなら、公衆に資するいかなる機会も失わないためであり、もし私の書き物に何らかの価値があるのなら、私の死後にそれを手に取る者が最も適切に利用できるだろう。けれども、私は次のように考えるようになった。すなわち、私は存命中にその書き物が公刊されることに決して同意するべきではない、と。その目的は、おそらく私の書き物が被るであろう反論や論争によって、また、私の書き物がもたらすかもしれない評判によっても、自己を教育するために使うつもりの時間が奪われてしまう機会を与えないようにするためである。実際、たしかに各人は力の限り他人に善をもたらすべきだし、誰かにとって有益であることだけが本来的に価値あることだが、実のところ、われわれの配慮は現在より遠くまで広がるべきであって、われわれの次の世代[*5]に多くの利益をもたらすことを行なうつもりであるときには、いま生きている者に何らかの利益をもたらすかもしれないことは割愛してもよいのである。たとえば、これは本当に知っておいていただきたいのだが、これまで私が学んだわずかなことは、私の知らないことに比べれば、ほとんど無に等しいが、私は学ぶことができないと絶望しているわけではない。実際、学問における真理を少しずつ見出す者は、富裕になり始める者と同じで、後者は、貧困だったときにはわずかなものを取得するのにも苦労したが、いまでは多くを取得するのにもさほど苦労しないのである。あるいはむしろ、軍隊の指揮官にたとえることができる。指揮官の力量は勝利の数に比例して増大していくものだが、ひとたび戦闘に敗北したあとで自らを維持するには、勝利のあとで都市と地方を占領するとき以上の指導性を要する。実際、真理の認識に到達するのを妨げる難問や誤謬に打ち勝とうとするのは、まさに戦闘をしかけることであり、多少とも一般的で重要な題材について偽なる見解を受け入れるのは、戦闘で敗れることである。敗北のあとで、以前と同じ状態で再開するには、確かな原理をすでに持って前進するとき以上の機略を要する。私について言えば、これまで学問において幾つかの真理を発見したとするなら（本巻に含まれていることからそう判断していただくことを望むが）、それらの真理は、私が克服した五つか六つの主要な難問から帰結し派生したものだけなので、それらの難問は、幸運が私の側にあった戦闘に相当すると言うことができる。しかも遠慮なく言うなら、私の意図を全面的に実現するには、二つか三つの同じような戦闘で勝利すれば事足りると私は考えている。また、私の年齢はさほどでもないので、その結果を残すための余裕を持てないほどではない。とはいえ、残りの時間をうまく使えるようにという願いが大きいだけに、時間をますます大切にしなければならないと思っている。そして、仮に私の自然学の諸基礎を公刊すれば、きっと時間を失う多くの機会に出くわすことになるだろう。実際、それらの基礎は、聞くだけで信じられるほど明証的であり、その論証を与えることができないと考えられるものは一つもないが、他人のさまざまな見解と一致するのは不可能なので、それらが引き起こす反論によって私の気が逸《そ》らされることが多くなると予見されるのである。

反論は有益だと言われるかもしれない。また、それは私の間違いを知らせてくれるし、私に何か善いところがあれば、それに対する反論を見て他の者が理解を進めてくれるし、一人の人間より多くの人間のほうが多くを見ることができるので、今後は他の者が私の善いところを活用して発見することで私を助けてくれるからだと言われるだろう。しかし、私は極めて誤りやすいと自己認識しており、最初に思いついた思想にはほとんど信を置かないが、それにもかかわらず、私に向けられうる反論をめぐる経験からして、そこから利益を期待する気にはとてもなれないのである。実際、私はすでに何度も、私が友人と見なした者による判断、私と関係がないと思われた者による判断、また、友情のために私の友人には見えなかったことを悪意と嫉妬によって見出そうとしているのがあからさまな者による判断さえ検討したが、私の主題からかけ離れたものは除くとしても、まったく予期していなかったような反論が向けられるということはほとんど起こらなかった。そのような次第だったので、私の見解の検閲官としては、私自身より厳格で公平な者に出会うことはほとんどなかった。そして、学院で実施される討論の方式によって、以前には知られていなかった真理が見出されたということを私は一度も見聞したことがなかった。実際、各人が勝利せんと努めているあいだは、双方の論拠を考量するより、真らしさを価値づけようとするものである。また、長いあいだ善良な弁護人だった者が、だからといって、その後いっそう善良な裁判官になるわけではない。

私の思想を伝達して他人が受けるかもしれない効用について言うなら、その思想を応用して使用する前に多くのものを付加しなければ、それをさほど遠くまで導けないので、その効用はさほど大きなものではありえない。そして、私の思想を応用できる者がいるとすれば、それは他の誰よりこの私であるはずだと自惚《うぬぼ》れ抜きに言うことができると思う。私の精神など比較にならないほど善良な精神は世界にそう多くはないからではなく、他人から学ぶより自ら発明するほうが物事をよく捉えて我が物にできるからである。この題材では、それがとくにあてはまる。私は何度も善良な精神の人に自分の見解の一部を説明したが、私が話しているあいだはよく聞き分けているようでも、自ら再説するや、ほとんど常に私の見解とは認められないほど変えてしまうことに気づかされた。この機会にわれわれの次の世代にお願いしておくが、私自身によって公表されたものでなければ、私由来のものと言われても決して信じないでいただきたい。ところで、その書き物がわれわれに残されていない古代の哲学者には常軌を逸したことが帰せられているけれども、私としては不思議ではなく、かれらが当時の最良の精神だったのを見れば、その思想がまったく理性に反していたなどと私は判断しないし、むしろかれらの思想が歪められて伝えられたと判断している。また、周知のように、古代哲学の学派の徒が、その祖を超えたことはほとんどなかった。そして、誓って言うが、現在アリストテレスに最も熱心に従っている者でさえ、アリストテレスが持っていたのと同じだけの自然認識を持つなら、それ以上のものを得られないとしても、おのれを幸福だと思うだろう。アリストテレス学派の徒は木蔦《きづた》のようなものであって、おのれを支える樹木より高く登ろうとせず、尖端に達したあとはしばしば降りてくる。私が思うに、それにとどまらず、アリストテレス学派の徒は降りてきたときには、研究を止めた場合よりむしろ愚かになっている。かれらは、学祖において理解可能な仕方で説明されることを知るだけでは満足せず、学祖が何も語らず、おそらく一度も思考することがなかった多くの難問についても、学祖の解答を発見したがる。ところが、かれらの哲学する方式は、凡庸な精神に都合のよいものでしかない。実際、かれらが用いる諸区別と諸原理は暗闇に沈んでおり、そうであるからこそ、かれらは何でも知っているかのように大胆に話すことができるし、鋭敏で有能な者によっても説得されず、逆におのれの反論に固執できるのである。この点で、アリストテレス学派の徒は、晴眼者と不利にならない仕方で闘うために、洞窟の奥の暗闇に相手を連れこもうとする盲人に似ていると思われる。そして、私が使用する哲学の原理の公刊を差し控えるなら、かれらの利益になると言えるだろう。実際、私の哲学の原理はそのままでも極めて単純で極めて明証的なので、それを公刊することは、かれらが闘うために降りていった洞窟に窓を開いて光を入れるのとほとんど同じことになるだろう。とはいえ、かれらのうちの最良の精神でさえ、私の哲学の原理を認識したいと望む事由を持ち合わせているわけではない。実際、かれらがどんなことでも語れて学識者の評判を得たいというのであれば、少数の題材で少しずつ見出されるだけで、別の題材では率直に無知を告白するのを強いられる真理の探求より、どんな種類の題材でもさしたる苦労もなしに発見されうる真らしさで満足するほうが、より容易に学識者の名声に到達するだろう。もしかれらが知らないものはないと虚勢を張るより、わずかでも真理を認識するのを選好するというのなら、それはまことに好ましいことではあるが、加えて、もしかれらが私の意図と同様の意図に従おうというのなら、なおのこと、私がすでにこの叙説で述べた以上のことを述べることはかれらには必要ない。実際、もしかれらが私以上に進むことができるのなら、私が発見したと思っていることも自ら発見できるだろう。実際、これまで私は何ごとも順序に従って精査してきたので、これから発見されるべく私に残されているものは、いままで出会えたものよりおのずと難しく隠れたものになることは確実であり、かれらにしても、私から学ぶより自身で学ぶほうが喜びも大きくなるだろう。加えて、そのようにしてかれらが、最初は容易なものを探求して徐々に困難なものに移行する習慣を獲得するなら、私からのどんな教示よりもかれらの役に立つだろう。私について言えば、その論証を探求してきた真理を若いうちから教えこまれ、それを学ぶ苦労をまったくしなかったなら、おそらくそれ以外の真理を知ることは決してなかっただろうと確信している。また、真理の探求に専心する限りでそれを私は身につけていると思われるが、常に新たな真理を発見する習慣と気質を獲得することもなかっただろうとも確信している。一言で言うなら、誰よりもそれを始めた者だけがよく完成できる仕事がこの世界にあるとすれば、それはいま私が取り組んでいる仕事なのである。

私の仕事に役立ちうる実験について言えば、たしかに一人の人間だけですべての実験を行なうことはできないが、雇用して有効なのは自分の配下にある者だけであり、ことに職人、すなわち、どんな指示でも精確に行なわせる上で効果的な高賃金の収入を望んでいて、それに値する者だけである。実際、好奇心や学習欲から無償で支援を申し出るような奉仕者は、結果の出ない約束をするのが通例で、決して成功しないご大層な提案をするだけでなく、その見返りとして難問の解説を、少なくとも無益な賛辞や対話を必ず求めてくるものであり、それがために時間を失って、むしろ高くつくだろう。そして、他人がすでに行なった実験について言うなら、実験を秘伝と称する者を除けば、一人で仕事を進める人間にも実験のことを伝えようとはするだろうが、その大部分は多くの条件と皮相な要素で構成されており、そこから真理を読み出すのはまったく容易ではない。しかも、実験の条件と要素はほとんどともに解明されておらず、それが虚偽であっても、何としてでも諸原理に適合するように見せかけているので、そこに何か役立つことがあったとしても、それを選び出すために時間をかける価値もありえないだろう。したがって、仮に最も偉大なこと、公衆にとって最も効用のあることを発見できると保証されうるような人がこの世界にいるとしても、また、その大義のために、仮に他人がその人の意図が成就するようにあらゆる手段で支援するとしても、その人のためにできるのは、私の見るところ、必要な実験費用を提供すること、さらに誰かが邪魔をして余暇を奪わないようにすることだけである。[*6] とはいえ、私は並外れたことを約束したいと思うほど自分を買いかぶってはいないし、公衆が私の意図に多大な関心を払うべきだと想像するほど空虚な思いに耽《ふけ》ってもいない。さらに、私には値しないと見なされるような恩恵を誰からであれ受け取りたいと願うほど、卑《いや》しい魂を持ち合わせてもいない。

こうした考慮の結果、三年前、私の手元にあった論文を公表したくないと思い、さらに、私の生きているあいだは、ごく一般的な論文も、私の自然学の基礎を理解可能にする論文も人目にさらさないと決心したのである。しかし、それ以来、他に二つの理由があって、ここに複数の特殊な試論を載せ、私の行動と意図について公衆に何らかの報告をしなければならなくなった。その理由の一つは、そうしなければ、若干の書き物を公刊する意図が以前にあったことを知る者の多くが、それを控えた原因を実情以上に私にとって不利なように想像するかもしれないということである。実際、私は栄誉を過度に愛してはおらず、それどころか、最も尊重している休息に反すると判断される限り、あえて言うなら栄誉を憎んでいるのだが、自分の行動を犯罪扱いして隠すことは一度もなかったし、無名でいられるようにと用心深かったわけでもない。言いかえれば、自分に害が及ぶと思ったからであり、そのことは、私の求める精神の完全な休息にも反して、私に一種の不安を与えかねないからである。無名であるか否かについてはこのようにいつも無関心ではあったが、ある種の評判を得ることは避けられなかったので、少なくとも悪い評判は免れるよう最善を尽くすべきだと考えたのである。これを書かざるをえなかったもう一つの理由は、他人からの支援なしには行なえない無数の実験が必要なのに、自らを教育する意図が毎日ますます遅延していくのを見るにつけ、公衆が私の利益に多大な関心を払うことを期待するほど自惚れているわけではないが、それでも自らの責務を解除したくはなかったからである。しかも、このままでは、私より長生きする次の世代が、もし私の意図のために次の世代が寄与しうるものを知らせておくことを無視したなら、私よりうまくできるはずのものもわからなくなってしまい、いつか私が非難されるからである。

そこで私が考えたのは、論争にならずに済み、望む以上に私の原理を開陳しなくてもよく、学問的に私に可能なことと不可能なことを明瞭にせずにはおかない題材を選んでおくのが気楽だということである。この点で首尾よく行ったかどうかはわからないので、私の書き物についての人の判断に対して予防線を張っておくつもりはない。しかし、私の書き物が吟味されるなら私としても喜ばしいし、その機会を多くするために、何か反論がある方は誰でもそれを出版者に送る労をとっていただきたい。出版者の報告を受けてから、その反論に私の答弁を並べて書き物に付加するように努めよう。そうすれば、読者は双方を見て、それだけ容易に真偽を判定するだろう。実際、私は長い答弁を挿入することは約束しない。ただ、自分の過ちを認識したなら、それを率直に告白することを約束しておく。あるいはむしろ、自分の過ちとは認められなければ、私が書いたものの防御のために必要と思われることだけを述べることを約束しておく。その際には、一つの題材から別の題材へと果てしなく巻きこまれないように、新たな題材の説明は付加しないことにする。

『屈折光学』と『気象学』の冒頭で述べた題材の一部は、私が仮定と呼びながらその証明を与えようとしていないように見えるので、当初は訝《いぶか》しく思われるだろうが、忍耐強く全体を注意して読み通せば満足がいくことと思う。実際、そこでは諸理由が互いに繫がっており、後続する理由が先行する理由（これが原因である）によって論証されるのと同じように、先行する理由は逆に後続する理由（これが結果である）によって論証されていると思われる。その際、論理学者が言う循環の過ちを私が犯していると想像してはならない。実際、実験によって結果の大部分は確実とされているので、そのような結果が演繹されてくる原因は、結果を証明するというより結果を解明するのに役立っているのであり、むしろ、正反対に、原因のほうが結果によって証明されるのである。そして、私が先行する理由たる原因を仮定と呼んだのは、前に私が説明した第一の諸真理からその原因を演繹することができると考えていることをわかっていただくためにほかならない。ただし、私は意図的にその演繹を行なおうとはしなかった。それは、誰かが二〇年かけて考えたことのすべてを、二言三言聞くや否や、一日でわかると思いこむような精神は、鋭敏で機敏であるほど過ちやすく、真理に到達できもしないが、そうした精神が私の原理だと思いこむものを基礎にして途方もない哲学を打ち立てる機会を得ることができないようにするためであり、また、私にその過ちが帰せられないようにするためである。実際、私の見解に限っては、それを新規の見解として弁護しているのではなく、その諸理由がよく考察されるなら、単純で常識に適うことがわかり、同じ主題についてありうるどの見解より異様でも奇怪でもないことが見えてくると確信している。そして、私はどの見解についてであれ、最初の発明者であるなどと誇りはしない。私は、その見解が他人によって言われたか否かによって受け入れたのではなく、ただ理性によって説得されたために受け入れたことを誇りとしている。

『屈折光学』[*7]で説明される発明を職人がすぐに実行できないとしても、だからといってその発明はよくないと言えるとは私は思っていない。実際、私が記述した機械を、すべての条件を満たして制作し、調整するには手腕と熟練が必要なだけに、職人たちが初回でうまくいくなら、かえって驚かされるだろう。よく書かれた運指図表が与えられるだけでリュートを見事に演奏することを一日で習得できるとしたら驚かされるのと同じことである。そして、わが教師の言語であるラテン語ではなく、わが国の言語であるフランス語で私が書いているのは、純粋に自然な理性だけを用いる者のほうが、古い書物だけを信じる者より、よく私の見解を判断してくれると期待しているからである。そして、研究でも良識を用いる者について言えば、私はかれらだけが私の審判者であってほしいと願っており、かれらは、私の諸理由が俗語で説明されているからという理由でそれらを理解するのを拒むほどラテン語を偏重してはいないだろうと私は確信している。

いずれにせよ、私が期待する将来の学問の進歩については、ここでとくに語ろうとは思わない。また、完遂する確信のない約束を公衆に対してしようとも思わない。それでも、私は、自然の認識を、すなわち、従来の医学の規則より確かな規則を引き出しうる自然の認識を獲得しようと努めることだけに、残された人生の時間を用いる決心をした、とだけ言っておきたい。また、私はそれ以外のいかなる計画にもまったく愛着はなく、とりわけ、ある者にとっては有益でも別の者にとっては害悪となるような計画[*8]に愛着はないので、仮にその計画に私が使われることを強いられる機会があったとしても、私がそれをうまくやれるとは思わない、とだけ言っておきたい。この件について、最後に宣言を一つしておく。すなわち、私は自分を重要人物にする能がないことをわかっているし、重要人物でありたいと切望する気持ちもまったくない。また、この世で最も栄誉ある職を提供してくれる者に対してより、私の余暇を妨げずにその恩恵を享受させてくれる者に対して、常に恩義を担い続けるだろう。

訳注

＊1　『世界論、あるいは光論』（デカルト 一九九三b）のこと。

＊2　ガリレオ・ガリレイ（一五六四―一六四二年）の『世界の二大体系についての対話』（一六三二年）が、コペルニクス地動説を唱えているとしてローマ教皇庁宗教裁判所から有罪宣告を受けたこと。

＊3　デカルトはこう書いていた。「昨年イタリアでガリレイの『世界の体系』〔前注＊2の書のこと〕が刊行されたと聞いたと思われたので、近頃ライデンとアムステルダムでこの本がないかと問い合わせたところ、刊行されたというのは事実だが、それと同時にその全部数がローマで燃やされ、著者に何らかの罰金

に処せられた、と知らせてきました。このことには私も非常に驚き、自分の書いたものをすべて燃やすか、あるいは少なくともだれにも見せないようにしようと、ほとんど決心してしまいました。というのも、イタリア人であり、聞くところでは教皇にさえも好まれていた彼が罪を犯したというのであれば、それはおそらく地動説を樹立しようとしたこと以外には、考えられません。かつて何人かの枢機卿たちによって地動説が否認されたということを、私はよく承知しています。しかし、その後それはローマにおいてさえも、やはり公然と教えられているということを噂で聞いたと思っていました。そして、もし地動説が間違いであるのならば、私の哲学の全基礎もまた間違いになることを告白いたします」(デカルトからメルセンヌ宛、一六三三年一一月末(書簡集I二三四—二三五頁))。

＊4　「事象」の原語は événement. ラテン語訳は eventus. 当時の語義は「結果 (issue)」や帰結 (résultat)」である (Gilson, p. 456)。この箇所にいう実験はベーコン的な決裁実験と解されることがあるが、それとは異なっている (Gilson, pp. 456-457)。ここでの実験課題は、原因の特定や確定ではなく、一般原因から特定の結果を引き出す方式の確定である。複数の説明理論のうちの一つに確定する複数の実験のことが考えられている。

＊5　「次の世代」の原語は neveux であり、字義通りには「甥たち」である。

＊6　「公衆」の原語は le public だが、ラテン語版は「国家 (respublica)」と訳している。しかし、本書の le public の用例から見て、respublica と訳すのは無理である (Alquié, p. 645)。

＊7　『屈折光学』(一六三七年) 第一〇講「レンズをカットする仕方について」(デカルト 一九九三a) を参照。

＊8　ジルソンは、そのような「計画」を軍事技術の国家利用の計画と解している (Gilson, p. 477)。

訳者解説

若きルネ・デカルト（一五九六―一六五〇年）は、「遺言」をテーマに法学の卒論を仕上げるや、文献による学問を無益と断じて書を捨てた。そして、フランスを飛び出て、オランダで兵士となり、『音楽提要』（一六一八年執筆）を書いてから、ドイツでの戦争にも赴いたが、冬季宿営地の炉部屋で思索した後、「世界という書物」に学ぶために、九年間の流浪の生活を送る。その後、オランダに隠棲し、フラネケルで「形而上学小論」を書き始め、数学や自然学の研究に打ち込んで、『世界論』（一六三三年執筆）の刊行を企てるが、ガリレイ事件の報を聞いて断念。この約二〇年間の「精神の歴史」を綴ったのが、本書『方法叙説』（一六三七年）である。『屈折光学』、『気象学』、『幾何学』の三試論が付されて刊行されている。

「第一部」では、書を捨てるに至った経緯が書かれている。デカルトは子供時代から「文献によって育てられた」。「文献」を通してこそ、「人生で有用なすべてについて明晰で確かな認識」を獲得できると信じていた。しかし、学院と大学を終える頃には、「多くの疑い」にとりつかれるようになった。学校の書物も在野の書物も、生きていくのに有用な認識をもたらしてはくれないとわかったからである。こうしてデカルトは、「教師への服従を脱することが許される年齢になるとすぐに」、「文献の研究から全面的に離れた」。その代わりに、「自己自身」か「世界という大きな書物」のうちに発見できるはずの「学知（知識）」を追い求めた。そうして、「旅」に明け暮れ、「宮廷と軍隊」を調べ、とくに「運命の巡り合わせの中で自己を鍛え」た。本文には明記されていないが、これはデカルトがナッサウ公マウリッツの軍隊に志願して兵士になったことを示唆している。戦場で命懸けの行動に打って出ることによって、「書斎」では決して発見できない「真理」を発見することを追い求めたのである。しかし、生きていくのに有用な知識や真理が戦場に転がっているはずもない。デカルトは反省を強いられることになる。

「第二部」で、デカルトは、いわゆる建築学的理性を宣揚するが、その理性は、新たに建築するために、古い建物と古い土台を一掃することから始めるものである。建築学的理性は、破壊的理性でもある。デカルトは、「かつて自分の信念の内に受け入れた見解すべてを捨て去る」。そして、「独りで暗闇を歩む人間」のように慎重に進みながら、新しいものを建設していく。そのための「真の方法」を探っていく。まず、デカルトは、「論理学」と「幾何学者の解析と代数」から「四つの準則」を抽出する。明証・分析・綜合・枚挙に関する準則だが、それらに従って「順序」を守り「演繹」を進めるなら、「どんなに遠いものでも最後には到達できるし、どんなに隠れたものでも見出せる」ことが保証される。言いかえるなら、演繹の順序が真理の連鎖と一致するということ（健全性）、また、その一致が関連するあらゆる事物の認識において破綻しないということ（完全性）が保証されるのである。次に、デカルトは、数学の対象である「関係と比例」を「線」で表わし、それを代数「記号」で表示して代数方程式に持ち込み、幾何学的解析と代数を統合する。このように、デカルトの方法とは、理念的には、普遍的な数学を公理論的に再構成した体系に関して、論理学的な証明論を行使するようなものになっている。

「第三部」は、「炉部屋の思索」の続きである。方法は確立したが、まだ「哲学の原理」は確立していない。しかし、それを探求するには長い修練が必要だと主張される。そこでデカルトは、当面守るべき「道徳の格律」を定め、これと「信仰の真理」以外のすべての思想を捨て去ろうとする。哲学の真理の探求のために、自己を研鑽し、純化しようとするのである。そして、炉部屋を出て、「九年間」、「世界で演じられるどんな芝居においても役者であるよりは観客であろうと努め」て巡り歩き、オランダで「隠れて孤独に」生活を送りながら、いよいよ形而上学と哲学の探求に向かっていく。

「第四部」は、その「最初の省察」の記録である。そこでは「神の実存と自己の魂の実存」が証明される。それまでの人生で生きられた懐疑を振り返ると、真理を獲得しようと望むなら徹底的に懐疑しなければならないことがわかってくる。しかし、一切を疑わしく偽なるものとして拒絶するその「私」の実存は、拒絶不可能である。懐疑することは思考することでもあるから、〈私は思考する、故に、私は存在する〉こそが真理であり、それを「哲学の第一原理」に据えなければならない。ところで、その命題の真理性を保証しているのは何か。「明晰判明に認知される」ということである。とするなら、明晰判明に認知されるものは真であるという真理の一般的規則と、順序と演繹に関する方法とを使用するなら、哲学の第一原理から出発して、「私」なる魂以外のものの認識においても真理を発見することが保証されるだろう。そのようにして、神の実存も証明される。「私」の実存だけでなく、世界を創造し維持する神の実存も方法的に証明されるのだから、同じようにして、「私」は世界についても真なる知識を獲得することができるはずである。魂の実存と神の実存が、哲学の第一原理であり、世界についての諸学の基礎となるはずである。このようにして、神と世界はいわば方法的に制覇される。

「第五部」では、世界についての自然学が論述される。まず、世界の発生論が展開される。神世界の起源として、ある種の空間を想像し、そこに「混乱したカオス」を想定してみる。神の不変性・不動性からして、「神が制定した」保存則などの必然性を認定することができる。このとき、その法則に従って、世界は、起源のカオスから現在の状態に進化したと説明できるが、同時に、その法則は、「神が複数の世界を創造したとしても」守られる法則だから、起源の初期状態がいかに変わったとしても、世界の進化の説明は真であることになる。また、創造と保存は神にあっては同一の作用だから、世界の発生論は世界の構造論と一致することになる。次いで、「動物」、「とくに人間」の発生論が目指されるが、そのための十分な実験と認識が獲得されていないため、それは課題として残され、次善の策として、「神は、四肢の外形も器官の内部構成もわれわれの身体にまったく類似した人間の身体を形成した」と想定して論述を行なっていく。すなわち、人体を神が制作する機械だと想定して論述するのである。そうしてデカルトは、心臓の運動と血液の運動を第一原因に据えて、機械としての人体に、思考機能を除く人間の諸機能すべてを見出していく。したがって、人体は、極めて有能な制作者によって制作された機械であることになる。人体は自動機械である。動物は、人体と外形を異にするだけの自動機械である。言いかえるなら、人間には動物が姿を変えて内蔵されている。では、人間と人体機械の差異、人間と動物機械の差異はどこに見出されるだろうか。「理性的な魂」の有無の差であるが、その差は、言葉の使用と、日常の行動によって証されるとデカルトは結論する。したがって、「理性的な魂」は、神によって「殊更に創造されなければならない」。そして、今後は、その発生‐構造論という課題が浮上するするだろう。

「第六部」では、ガリレイ『世界の二大体系についての対話』(一六三二年)がコペルニクス地動説を唱えているとしてローマ教皇庁宗教裁判所から有罪宣告を受けたことを聞き及んで、『世界論』出版を自粛した理由と、にもかかわらず本書で『世界論』の内容を公表する理由が述べられる。デカルトは、自然学は「思弁哲学」ではなく、「生命にとって極めて有益な認識」をもたらす実践的な学であることをその理由として押し出していく。デカルトの展望では、世界の方法的制覇によって、人間を「自然の主人にして所有者」へと進歩させるなら、「病気」や「老年の衰弱」を克服して万人の幸福に寄与するだろう。デカルトは、そのために学問成果を公表して共同の実験研究を進める必要があるからこそ、あえて本書を公刊したと宣言する。

『方法叙説』は「良識は、世界で最もよく分配されている」と書き出されている。デカルトは、『方法叙説』を通して、その万人の良識に向けて、人間を殺したり死なせたりする学知や技術ではなく、人間を生老病死の苦から救済する哲学と学問の探求を呼びかけているのである。

Discours de la méthode の日本語訳は、二〇世紀後半だけでも、六種類が刊行されている。それらに比べて、本書の特徴と言えそうなことを三つほどあげてみたい。

第一に、書名についてである。Discours の訳語として、六訳書のうち五つが「序説」を採っている。本書の内容の一部が、本書と合わせて刊行された『屈折光学』、『気象学』、『幾何学』に対する方法論的な導入になっているのは確かである。また、デカルト自身がある書簡で本書が方法の「序（Préface）」になると書いているのも事実である（デカルトからメルセンヌ宛、一六三七年四月二〇日（書簡集I三四九頁））。しかし、本書は、全体として、三試論への方法論的導入に尽きるものではない。それだけではなく、当の方法そのものは、人生で辿るべき道と折り重ねられ、真の生を見出すための精神的修練の意義を強く帯びている。つまり、本書は、方法への「序」であるというよりは、方法そのものの「叙」なのである。デカルト自身、先の書簡では方法についての「見解（Avis）」になるとも書き、ラテン語訳も「論（Dissertatio）」としている。内容的にも語義的にも Discours は「叙説」と訳されるべきである。なお、デカルト研究史では、方法と形而上学の関係が論争点となった経緯がある。言いかえるなら、『方法叙説』と『省察』の関係が論争点となり、『方法叙説』の全体が『省察』の哲学・形而上学の「序」にあたるとの見解が打ち出されたことがあり、そのために「序説」と訳すことが自明視されてきた経緯もあるが、それはデカルト解釈上の問題であって翻訳上の問題ではない。また、漢字としての字義においては「序」には「叙」の意義も含まれるが、それは別の話である。

第二に、訳注についてである。従来の訳書の訳注の多くは、ほぼ同じ箇所に打たれてきた。それは、おそらく落合太郎訳（岩波文庫の旧訳版）を踏襲しているためだが、その箇所の選択にはいささか恣意的なところがある。また、落合訳は、ジルソンの古典的な註解書を活用しているが、その旨の記載を欠いている。つまり、これまでの訳書の訳注の一部は、訳注の内容の出典を辿れないような記載になっている。これに対して、本訳書では、訳注で参照している文献を明示し、必要な文献情報に辿りつけるようにした。また、訳注を打つ箇所については、反復的に繰り返されてきたものは除外した。加えて、訳注にかんする特徴として何より強調しておきたいのは、二一世紀に入ってから、山田弘明氏を中心として、デカルト文献で未邦訳だったもののほとんどが邦訳され刊行されてきたが、その成果の一端を活かしていることである。

第三に、文体についてである。よく指摘されることだが、『方法叙説』のフランス語原文は大変に読みにくい文章になっている。難読箇所も多い。そのため、過去の訳者たちも大変な苦労をしたはずで、私自身もその訳業に大いに学んでいる。その上で、本訳書の特徴を述べておくなら、従来は、読みやすくするために学術用語を日常語に訳し変えたり、同一の単語に同一の訳語を割り当てることを最初から放棄したりすることが目立ち、そのために、哲学文献の翻訳としては不正確になる場合があったが、本書では、読みやすさをある程度犠牲にしても古典哲学文献にふさわしい学術用文体にして堅く訳すことにした。一点だけ、副次的で小さな例をあげておくなら、頻出するフランス語 car（ラテン語では nam にあたる）の訳し方である。慣例的に、car は、それに先立つ先行文に対して、理由を与える後続文に繋ぐ接続語ということで、一律に「というのも（というのは）……だからである」と訳される。しかし、デカルトは car を連発する場合があり、そのとき、そのように訳すと文章が大変に乱れることになる。しかも、内容的に見て重大なのは、日本語において「Pである。というのはQだからである」と訳す場合、PよりもQのほうが重要であるかのように読めてしまうことがある。しかし、実際には、Pが第一義的に重要なのであって、carに続くQは、Pを側面的に念押ししているだけのことが多いのである。語義的には、carには「実に」、「すなわち」、「蓋し」、「確かに」の意義もある（ラテン語namの用法については、アウエルバッハ一九九四、一四四頁参照）。したがって、本書では、carには主として「実際」という訳語をあてるとともに、適宜訳し分けている。この点は、小さな例ではあるが、訳本の文面の印象を大きく変えていると思われる。

講談社編集部の互盛央氏から、『方法叙説』翻訳のご提案をいただいたのは、もう数年前のことになる。古典の翻訳を委ねられるのは大変に名誉なことなので早々にとりかかったが、古典の翻訳には時間がかかっても構わないし仕方がないと内心で言い訳しながら、長い時間をやり過ごしてしまった。しかし、ともかく、ご提案の実現にいたることができた。互氏には、早くに、訳文に対する貴重な意見をいただくこともできた。その忍耐強さも含め、互氏の産婆術に、あらためて感謝いたします。

小泉義之

文献一覧

アウエルバッハ、エーリッヒ 一九九四『ミメーシス』上、篠田一士・川村二郎訳、筑摩書房（ちくま学芸文庫）。
塩川徹也 二〇一〇『発見術としての学問──モンテーニュ、デカルト、パスカル』岩波書店。
セクストス・エンペイリコス 一九九八『ピュロン主義哲学の概要』金山弥平・金山万里子訳、京都大学学術出版会（西洋古典叢書）。
デカルト、ルネ 一九九三a『屈折光学』青木靖三・水野和久訳、『デカルト著作集』（増補版）、第一巻、白水社。
── 一九九三b『宇宙論』野沢協・中野重伸訳、『デカルト著作集』（増補版）、第四巻、白水社。
── 一九九三c『人間論』伊東俊太郎・塩川徹也訳、『デカルト著作集』（増補版）、第四巻、白水社。
── 二〇一七a『医学論集』山田弘明・安西なつめ・澤井直・坂井建雄・香川知晶・竹田扇訳、法政大学出版局。
── 二〇一七b『ユトレヒト紛争書簡集（1642-1645）』山田弘明・持田辰郎・倉田隆訳、知泉書館。
── 二〇一八『数学・自然学論集』山田弘明・中澤聡・池田真治・武田裕紀・三浦伸夫・但馬亨

訳、法政大学出版局。

フーコー、ミシェル 二〇〇六『精神医学の権力――コレージュ・ド・フランス講義 一九七三―一九七四年度』(『ミシェル・フーコー講義集成』第四巻)、慎改康之訳、筑摩書房。

―― 二〇〇七『安全・領土・人口――コレージュ・ド・フランス講義 一九七七―一九七八年度』(『ミシェル・フーコー講義集成』第七巻)、高桑和巳訳、筑摩書房。

KODANSHA

*本書は、講談社学術文庫のための新訳です。

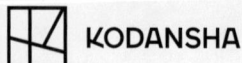

ルネ・デカルト

1596-1650年。フランスの哲学者。主な著書として，本書（1637年）のほか，『省察』（1641年），『哲学原理』（1644年）など。

小泉義之（こいずみ　よしゆき）

1954年生まれ。立命館大学教授。著書に，『デカルト哲学』，『ドゥルーズの哲学』（以上，講談社学術文庫）ほか。訳書に，ジル・ドゥルーズ『意味の論理学』ほか。

講談社学術文庫

定価はカバーに表示してあります。

方法叙説《ほうほうじょせつ》

ルネ・デカルト

小泉義之《こいずみよしゆき》 訳

2022年1月11日　第1刷発行
2024年10月4日　第4刷発行

発行者　篠木和久
発行所　株式会社講談社
東京都文京区音羽2-12-21 〒112-8001
電話　編集（03）5395-3512
販売（03）5395-5817
業務（03）5395-3615

装　幀　蟹江征治
印　刷　株式会社新藤慶昌堂
製　本　株式会社国宝社

ISBN978-4-06-526729-5

「講談社学術文庫」の刊行に当たって

これは、学術をポケットに入れることをモットーとして生まれた文庫である。学術は少年の心を養い、成年の心を満たす。その学術がポケットにはいる形で、万人のものになることは、生涯教育をうたう現代の理想である。

こうした考え方は、学術を巨大な城のように見る世間の常識に反するかもしれない。また、一部の人たちからは、学術の権威をおとすものと非難されるかもしれない。しかし、それはいずれも学術の新しい在り方を解しないものといわざるをえない。

学術は、まず魔術への挑戦から始まった。やがて、いわゆる常識をつぎつぎに改めていった。学術の権威は、幾百年、幾千年にわたる、苦しい戦いの成果である。こうしてきずきあげられた城が、一見して近づきがたいものにうつるのは、そのためである。しかし、学術の権威を、その形の上だけで判断してはならない。その生成のあとをかえりみれば、その根は常に人々の生活の中にあった。学術が大きな力たりうるのはそのためであって、生活をはなれた学術は、どこにもない。

開かれた社会といわれる現代にとって、これはまったく自明である。生活と学術との間に、もし距離があるとすれば、何をおいてもこれを埋めねばならない。もしこの距離が形の上の迷信からきているとすれば、その迷信をうち破らねばならぬ。

学術文庫は、内外の迷信を打破し、学術のために新しい天地をひらく意図をもって生まれた。文庫という小さい形と、学術という壮大な城とが、完全に両立するためには、なおいくらかの時を必要とするであろう。しかし、学術をポケットにした社会が、人間の生活にとってより豊かな社会であることは、たしかである。そうした社会の実現のために、文庫の世界に新しいジャンルを加えることができれば幸いである。

一九七六年六月

野間省一

西洋の古典

2509
物質と記憶
アンリ・ベルクソン著／杉山直樹訳

フランスを代表する哲学者の主著——その新訳を第一級の研究者が満を持して送り出す。簡にして要を得た訳者解説を収録した文字どおりの「決定版」である本書は、ベルクソンを読む人の新たな出発点となる。

電P

2519
科学者と世界平和
アルバート・アインシュタイン著／井上　健訳（解説・佐藤優／筒井　泉）

ソビエトの科学者との戦争と平和をめぐる対話「科学者と世界平和」。時空の基本概念から相対性理論の着想、統一場理論への構想まで記した「物理学と実在」。平和と物理学、それぞれに統一理論はあるのか？

電P

2526
中世都市
社会経済史的試論

アンリ・ピレンヌ著／佐々木克巳訳（解説・大月康弘）

「ヨーロッパの生成」を中心テーマに据え、二十世紀を代表する歴史家となったピレンヌ不朽の名著。地中海を囲む古代ローマ世界はゲルマン侵入とイスラーム勢力によっていかなる変容を遂げたのかを活写する。

電P

2561
箴言集
ラ・ロシュフコー著／武藤剛史訳（解説・鹿島　茂）

十七世紀フランスの激動を生き抜いたモラリストが、人間の本性を見事に言い表した「箴言」の数々。鋭敏な人間洞察と強靱な精神、ユーモアに満ちた短文が、自然に読める新訳で、現代の私たちに突き刺さる！

電P

2562・2563
国富論（上）（下）
アダム・スミス著／高　哲男訳

スミスの最重要著作の新訳。「見えざる手」による自由放任を推奨するだけの本ではない。分業、貨幣、利子、貿易、軍備、インフラ整備、税金、公債など、経済の根本問題を問う近代経済学のバイブルである。

電P

2564
ペルシア人の手紙
シャルル＝ルイ・ド・モンテスキュー著／田口卓臣訳

二人のペルシア貴族がヨーロッパを旅してパリに滞在している間、世界各地の知人たちとやり取りした虚構の書簡集。刊行（一七二一年）直後から大反響を巻き起こした異形の書、気鋭の研究者による画期的新訳。

電P

西洋の古典

2566
全体性と無限
エマニュエル・レヴィナス著／藤岡俊博訳

特異な哲学者の燦然と輝く主著、気鋭の研究者による渾身の新訳。二種を数える既訳を凌駕するべく、原書のあらゆる版を参照し、訳語も再検討しながら臨む。次代に受け継がれるスタンダードがここにある。

2568
イマジネール　想像力の現象学的心理学
ジャン＝ポール・サルトル著／澤田　直・水野浩二訳

「イメージ」と「想像力」をめぐる豊饒なる考察――ブランショ、レヴィナス、ロラン・バルト、ドゥルーズなどの幾多の思想家に刺激を与え続けてきた一九四〇年刊の重要著作を第一級の研究者が渾身の新訳！

2569
ルイ・ボナパルトのブリュメール18日
カール・マルクス著／丘沢静也訳

一八四八年の二月革命から三年後のクーデタまでの展開を報告した名著。ジャーナリストとしてのマルクスの舌鋒鋭くもウィットに富んだ筆致を、実力者が達意の日本語にした、これまでになかった新訳。

2570
レイシズム
R・ベネディクト著／阿部大樹訳

レイシズムは科学を装った迷信である。人種の優劣や純粋な民族など、存在しない――ナチスが台頭しファシズムが世界に吹き荒れた一九四〇年代、『菊と刀』で知られるアメリカの文化文類学者が鳴らした警鐘。

2596
イミタチオ・クリスティ　キリストにならいて
トマス・ア・ケンピス著／呉　茂一・永野藤夫訳

十五世紀の修道士が著した本書は、『聖書』についで多くの読者を獲得したと言われる。読み易く的確な論しに満ちた文章が、悩み多き我々に安らぎを与え深い瞑想へと誘う。温かくまた厳しい言葉の数々。

2677
我と汝
マルティン・ブーバー著／野口啓祐訳（解説・佐藤貴史）

経験と利用に覆われた世界の軛から解放されるには、全身全霊をかけて相対する〈なんじ〉と出会わねばならない。その時、わたしは初めて真の〈われ〉となるのだ――。「対話の思想家」が遺した普遍的名著！

西洋の古典

2700
方法叙説
ルネ・デカルト著／小泉義之訳
われわれは、この新訳を待っていた――デカルトから出発した孤高の研究者が満を持してみずからの原点に再び挑む。『方法序説』という従来の邦題を再検討に付すなど、細部に至るまで行き届いた最良の訳が誕生！ 電P

2701
永遠の平和のために
イマヌエル・カント著／丘沢静也訳
哲学者は、現実離れした理想を語るのではなく、目の前の事実から出発していかに「永遠の平和」を実現できるのかを考え、そのための設計図を描いた――従来の邦訳が与えるイメージを一新した問答無用の決定版新訳。 電P

2702
国民とは何か
エルネスト・ルナン著／長谷川一年訳
「国民の存在は日々の人民投票である」という言葉で知られる古典を、初めての文庫版で新訳する。逆説的にもグローバリズムの中で存在感を増している国民国家の本質とは？ 世界の行く末を考える上で必携の書！ 電P

2703
個性という幻想
ハリー・スタック・サリヴァン著／阿部大樹編訳
対人関係が精神疾患を生み出すメカニズムを解明し、いま注目の精神医学の古典。人種差別、徴兵と戦争、プロパガンダ、国際政治などを論じ、社会科学の中に精神医学を位置づける。本邦初訳の論考を中心に新編集。 電P

2704
人間の条件
ハンナ・アレント著／牧野雅彦訳
「労働」「仕事」「行為」の三分類で知られ、その絡み合いの中で「世界からの疎外」がもたらされるさまを描き出した古典。はてしない科学と技術の進歩の中、人間はいかにして「人間」でありうるのか――待望の新訳！ P

2749
宗教哲学講義
G・W・F・ヘーゲル著／山﨑　純訳
ドイツ観念論の代表的哲学者ヘーゲル。彼の講義は人気を博し、後世まで語り継がれた。西洋から東洋までの宗教を体系的に講じた一八二七年の講義に、一八三一年の講義の要約を付す。ヘーゲル最晩年の到達点！ P

西洋の古典

2750
プラトン著／三嶋輝夫訳
ゴルギアス
練達の訳者が初期対話篇の代表作をついに新訳。代表的なソフィストであるゴルギアスとの弁論術をめぐる対話が展開される中で、「正義」とは何か、「徳」とは何かが問われる。その果てに姿を現す理想の政治家像とは？
電P

2751
フリードリヒ・ニーチェ著／森　一郎訳
ツァラトゥストラはこう言った
ニーチェ畢生の書にして、ドイツ屈指の文学作品である本書は、永遠回帰、力への意志、そして超人思想に至る過程を克明に描き出す唯一無二の物語。「声に出して読める日本語」で第一人者が完成させた渾身の新訳！
電P

2752・2753
オウィディウス著／大西英文訳
変身物語（上）（下）
ウェルギリウス『アエネイス』と並ぶ古代ローマ黄金時代の頂点をなす不滅の金字塔。あらゆる領域で後世に決定的な影響を与え、今も素材として参照され続けている大著、最良の訳者による待望久しい文庫版新訳！
電P

2754
ボエティウス著／伊藤友計訳
音楽教程
音楽はいかに多大な影響を人間に与えるのか。音程と旋律、オクターヴ、協和と不協和など、音を数比の問題として捉えて分析・体系化した西洋音楽の理論的基盤。六世紀ローマで誕生した必須古典、ついに本邦初訳！
電P

2755
バールーフ・デ・スピノザ著／秋保　亘訳
知性改善論
本書をもって、青年は「哲学者」になった。デカルトやベーコンなど先人の思想と格闘し、独自の思想を提示した本書は、主著『エチカ』を予告している。気鋭の研究者が最新の研究成果を盛り込みつつ新訳を完成した。
電P

2777
ニコラウス・コペルニクス著／高橋憲一訳
天球回転論　付 レティクス『第一解説』
一四〇〇年続いた知を覆した地動説。ガリレオ、ニュートンに至る科学革命はここに始まる――。地動説を初めて世に知らしめた弟子レティクスの『第一解説』の本邦初訳を収録。文字通り世界を動かした書物の核心。
電P